HELENA SABROWSKI

HAUSMANNSKOST

Kochbuch

Hausmannskost Kochbuch

www.edition-jt.de

Für Fragen und Anregungen:
info@edition-jt.de
Auflage 2023

Vorwort

Einfach, bodenständig, wenig glamourös – und am Ende doch oft der wahre Superstar bei Tisch: Das ist Hausmannskost, die hohe Kunst, aus unkomplizierten Lebensmitteln einzigartig leckere Speisen auf den Tisch zu zaubern. Falls Sie kein gut gehütetes Familienkochbuch zuhause haben, dann zeigen Ihnen diese Rezeptideen, wie Sie originalen Hausmanns-Genuss ganz einfach auch auf Ihren Tisch zaubern können!

Hausmannskost ist die Art von Nahrung, die ein guter Hausherr seiner Familie vorsetzen ließ – so lässt sich das Prinzip zusammenfassen und im Ergebnis bedeutet das: herzhaft-deftige Speisen, die satt machen, regional-saisonale Produkte in den Mittelpunkt stellen und dazu ohne großen Schnickschnack zuzubereiten sind. Klingt nach einem Volltreffer? Dann schnappen Sie sich dieses Buch und entdecken Sie eine köstliche Riesenauswahl an Frühstücksideen, Suppen, Salaten, Hauptgerichten, Desserts und vielem mehr aus den verschiedensten Regionen. Entgegen typischen Klischees werden hier nicht nur Fleisch- und Fischfans glücklich, sondern auch Veggies entdecken eine große Bandbreite an vielfältigen Leckereien, die vegetarisch-vegan originalen Hausmannsgeschmack bieten.

Guten Appetit!

 INHALT

Die Geschichte der Hausmannskost

Anders als es zunächst anmutet, bedeutet Hausmannskost nicht, dass der Mann hinter dem Herd stand und den Kochlöffel schwang. Das wäre bis vor wenigen Jahrzehnten absolut undenkbar gewesen, in den Entstehungszeiten der Hausmannskost gleich noch viel weniger.

Vielmehr geht der Begriff Hausmannskost im Wesentlichen bis ins 16. Jahrhundert zurück und leitet sich vom mittelhochdeutschen Wort „Hüsman" ab, was so viel wie Hausmann, Hausvater, „Herr des Hauses" oder auch Burgwart bedeutet.

Ein Hausherr war in diesem Sinne erst einmal jeder Mann, der einen eigenen, zumeist ländlichen Privathaushalt führte, ganz gleich, welchen Familienstand er dabei hatte. In den damaligen Zeiten war es so üblich, dass Männer das Regiment über Haus und Familie hatten und demnach auch entschieden, was zu Tische kam. Oftmals entsprach – wen wundert es – dies den Leibspeisen des Familienoberhauptes. Insbesondere wenn sich Besuch ankündigte, entschied der Hausherr, welche Speisen anzubieten seien. Üblich war es zudem auch, dass der Hausherr mehr von den üppigen Gerichten bekam als die restlichen Familienmitglieder. So wurde ihm beispielsweise mehr Fleisch, Speck oder Soße zuteil. Auch die Brüder Grimm versuchten sich an einer Beschreibung der Hausmannskost, die wie folgt lautet: „Nahrung, wie sie ein Hausvater für sich und die Seinigen zubereiten lässt."

Die Hausmannskost an sich zeichnet sich durch einfache Zutaten, kräftigen Geschmack und schlichte Zubereitungsmethoden bei günstigen Preisen aus. Im „Universal-Lexikon der Gegenwart und Vergangenheit“ finden wir dazu folgende Definition vor: „Einfache, nährende Speisen, wie sie meist in Familien des Mittelstands genossen werden, ihre Attribute sind einfach, wohlschmeckend und kräftig.“ Diese Beschreibung trifft es ganz gut, denn häufig wird der herzhafte bzw. runde Geschmack weniger durch aufwendige Würzung, sondern durch die Zugabe von Fett wie Butter oder ausgelassenem Speck erreicht.

Fett hatte nicht nur den wunderbaren Vorteil, als Geschmacksträger zu fungieren, nein, es lieferte auch die nötige Energie für die Menschen, die tagtäglich harte körperliche Arbeiten verrichten mussten. Auch Eier, Kartoffeln, Hülsenfrüchte und einfache Milchprodukte sowie Mehlspeisen sind feste Bestandteile der Hausmannskost und schon damals waren sie hochgeschätzte Energielieferanten.

Zur Erntezeit gab es zudem Obst und Gemüse in Hülle und Fülle, mehr, als man verzehren konnte. Damit die wertvollen Vitamine für die kargen Jahreszeiten gespeichert werden konnten und man nichts verkommen lassen musste, wurde eingeweckt und durch Einkochen haltbar gemacht. Wenn geschlachtet wurde, war das ein Fest und das Fleisch wurde bewusst genossen, es war ein seltenes Highlight. Auch hier wurde durch Räuchern und Pökeln so viel wie nur möglich haltbar gemacht. Je nach Region haben natürlich auch Getränke einen großen Einfluss auf die Esskultur, man denke allein an das bayerische Bier und die hochgeschätzten deutschen Weinregionen.

Die Hausmannskost ist überdies regional sehr verschieden, was selbstverständlich auch an den verschiedenen Nahrungsmittelangeboten der damaligen Zeit lag. Es liegt auf der Hand, dass in den Alpenregionen des 16. Jahrhunderts andere Lebensmittel zur Verfügung standen als beispielsweise an der Nordsee oder im Erzgebirge. Aber selbst wenn man den Verfügbarkeitsaspekt außen vor lässt, wird man in jeder Region Deutschlands viele ähnliche Gerichte vorfinden, die sich nur in kleinen Details unterscheiden, ebenso wie sich auch Familienrezepte voneinander unterscheiden werden. Damals wie heute wurde landauf, landab Vorratshaltung großgeschrieben, weswegen wir

Ihnen an dieser Stelle dazu raten, sich einen überschaubaren Vorrat haltbarer Lebensmittel anzulegen. Ein gut sortierter Vorratsschrank beinhaltet neben Nudeln und Reis auch Mehl, Zucker, Paniermehl und verschiedene Obst- und Gemüsekonserven Ihrer Wahl, wenn Sie möchten auch Gemüsebrühe und Tomatenmark. Wenn Sie über ein Gefrierfach oder einen Gefrierschrank verfügen, lässt sich der Vorrat nach Lust und Laune um einige hochwertige Lebensmittel erweitern. Vorratshaltung macht Sie flexibler bei der Auswahl Ihrer zu kochenden Gerichte, ermöglicht Spontanität und ist zudem kostengünstiger als der tägliche Einkauf.

Um in den Genuss guter Hausmannskost zu kommen, müssen Sie zudem weder über besondere Küchengeräte verfügen noch ein Kochtalent sein. Eine gute Standardausstattung Ihrer Küche ist vollkommen ausreichend: Töpfe, Pfannen, Brettchen und gute Messer, ein Herd und ein Backofen, Kochlöffel, Siebe, Schneebesen, Backformen, eine Küchenwaage, höchstens einmal ein Rührgerät oder ein Stabmixer – das ist alles, was Sie brauchen, um in den herzhaften Genuss dieser traditionellen Küche zu kommen. Selbstverständlich bleibt es Ihnen überlassen, sich mit hochwertigen Multifunktionsgeräten auszustatten, nötig ist es für die Zubereitung der hier aufgeführten Rezepte jedoch nicht.

Frühstück

FRANKFURTER MIT EI

 4 Port.
 15 Min.
 Leicht

Zutaten

4 Frankfurter Würstchen (alternativ Bockwürstchen)
4 Eier
4 EL geriebener Käse, vorzugsweise Gouda oder Mozzarella
Paprikapulver edelsüß
Salz und Pfeffer
gehackte Petersilie
Öl zum Anbraten
4 Zahnstocher
Salatgurkenscheiben und Tomaten als Garnitur

Nährwerte p. P.

528 kcal
94 g Kohlenhydrate
20 g Eiweiß
4 g Fett

1 Schneiden Sie die Würstchen der Länge nach in der Mitte ein, aber nicht bis zu den Enden, sondern lassen Sie oben und unten jeweils einen Finger breit als „Steg“ stehen.

2 Öffnen Sie die Würstchen an der Eischnittstelle und stecken Sie je einen Zahnstocher zum Fixieren in die entstandene Tasche, sodass sie offenbleibt. Die Würstchen haben nun die Form einer Raute.

3 Verquirlen Sie nun die Eier mit dem Salz und dem Pfeffer, würzen Sie sie nach Belieben mit Paprikapulver.

4 Erhitzen Sie das Öl in einer Pfanne und bräunen Sie die Würstchen darin von beiden Seiten leicht an.

5 Gießen Sie nun die verquirlten Eier in die Würstchentasche und lassen Sie sie stocken. Kurz bevor die Eiermischung im Würstchen die gewünschte Konsistenz erreicht hat, streuen Sie den Reibekäse über das Würstchen und das Ei.

6 Warten Sie ab, bis der Käse zerlaufen ist und servieren Sie das Frankfurter Eierwürstchen mit etwas Petersilie bestreut und mit Tomaten- und Gurkenscheiben garniert.

7 Dazu schmeckt Laugengebäck oder ein Landbrötchen.

Tipps & Fakten: Wer mag, kann das verquirlte Ei auch mit Knoblauch, Rosmarin und etwas Majoran würzen. Auch Schnittlauch macht sich gut darin.

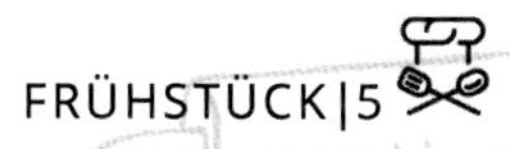

VANILLE-HAFERBREI MIT FRISCHEN BEEREN

4 Port.

15 Min.

Leicht

Zutaten

4 Tassen Haferflocken fein
7 - 8 Tassen Vollmilch oder Milchalternative (je nachdem, wie dick man den Brei möchte)
4 Handvoll frische Beeren der Saison (alternativ TK)
1 Vanilleschote
1 Prise Salz
2 EL Zucker

Nährwerte p. P.

291 kcal
35 g Kohlenhydrate
12 g Eiweiß
11 g Fett

1 Erwärmen Sie die Milch in einem Topf, lassen Sie die Haferflocken einrieseln und geben Sie eine Prise Salz hinzu.

2 Nun auf kleiner Flamme und unter ständigem Rühren die Haferflocken quellen lassen. Achtung: Der Haferbrei brennt recht schnell an!

3 Entfernen Sie in der Zwischenzeit die Stiele der Beeren und waschen Sie sie in einem Sieb ab.

4 Kratzen Sie das Mark aus der Vanilleschote und geben Sie es zum Haferbrei hinzu.

5 Wenn der Brei die gewünschte Konsistenz erreicht hat, nehmen Sie ihn vom Herd. Ist der Brei zu dick geworden, rühren Sie einfach noch etwas Milch unter.

6 Geben Sie den Haferbrei in Glasschälchen und dekorieren Sie ihn mit den frischen Beeren und nach Wunsch mit einem Minzblättchen.

Tipps & Fakten: Wer es süßer mag, kann den Haferbrei mit Honig toppen. Veganer verwenden eine Alternative ihrer Wahl, beispielsweise Rübensirup oder Agavendicksaft. Als Milchalternative kommen beispielsweise Haferdrink, Sojadrink oder Mandeldrink infrage.

BAUERNFRÜHSTÜCK MIT SCHINKEN UND TOMATEN

4 Port.

40 Min.

Leicht

Zutaten

1 kg festkochende Kartoffeln
200 g Zwiebeln, gerne auch rotschalig
150 g Schinkenwürfel
Cocktailtomaten in Würfeln
4 Eier
80 ml Milch
8 saure Gurken
1 TL Majoran
Salz und Pfeffer aus der Mühle
Muskat
Rosmarin
gehackte Petersilie
nach Belieben einige Schnittlauchstängel und -blüten zum Garnieren
Öl zum Braten

Nährwerte p. P.

337 kcal
43 g Kohlenhydrate
18 g Eiweiß
11 g Fett

1 Kochen Sie die Kartoffeln in Salzwasser bissfest, schütten Sie das Kochwasser ab, schälen Sie die Kartoffeln und schneiden Sie sie in Würfel.

2 Schlagen Sie in der Zwischenzeit die Eier auf und verquirlen Sie diese mit den Gewürzen und der Milch.

3 Schälen und würfeln Sie die Zwiebeln, erhitzen Sie etwas Öl in einer Pfanne und lassen Sie die Zwiebeln zusammen mit den Schinkenwürfeln darin aus.

4 Geben Sie die Kartoffelwürfel in die Pfanne hinein und braten Sie sie goldbraun.

5 Reduzieren Sie die Hitze etwas und geben Sie die Eiermischung über das Bratgut, rühren Sie die Petersilie ein und lassen Sie die Eier zunächst nur leicht stocken.

6 Verteilen Sie nun die Tomatenwürfel in der Pfanne, lassen Sie jetzt die Eier vollständig stocken.

7 Schneiden Sie die Gewürzgurken zu einem Fächer oder in Scheiben. Stürzen Sie das Bauernfrühstück auf einen großen Teller und garnieren Sie es mit den gefächerten Gewürzgurken und dem Schnittlauch.

Tipps & Fakten: Genießen Sie Ihr Bauernfrühstück auch mit Brokkoli und Knoblauch oder mit Frühlingszwiebeln, Pilzen und einer Note von Beifuß.

ARME RITTER-VARIATION

3 Port.

40 Min.

Leicht

Zutaten

6 Scheiben altbackenes Weißbrot (Kasten)
300 ml Vollmilch oder Milchalternative
2 Eier (oder vegane Alternative)
50 g Zucker für die 3 süßen Ritter
2 gestr. TL Salz für die 3 herzhaften Ritter
neutrales Öl oder Butterschmalz zum Braten

Für die süßen Varianten (3 Brote):
1 EL Kirschgrütze
1 EL Vanillesoße
Zimt und Zucker
1 EL Apfelmus
½ Pfirsich
2 EL Naturjoghurt
½ TL Zitronenzesten
Honig oder Honigalternative

Für die herzhaften Varianten (3 Brote):
1 EL Schinkenwürfel
1 EL Zwiebelwürfel
4 TL Kräuterfrischkäse
Schnittlauchröllchen und -blüten
2 Cocktailtomaten, gewürfelt
1 EL Mozzarella, gewürfelt
Salz, Pfeffer
Gewürze nach Belieben

1 Verquirlen Sie ein Ei mit der Hälfte der Milch und dem Zucker, legen Sie die drei Brotscheiben hinein und warten Sie, bis das Brot mit der Milchmischung vollgesogen ist. Für die herzhaften Ritter gehen Sie genauso vor, nur dass Sie den Zucker durch das Salz ersetzen.

2 Erhitzen Sie nun in einer Pfanne reichlich Öl oder Butterschmalz und braten Sie die Brotscheiben darin aus, bis sie goldbraun sind.

3 Waschen und schneiden Sie die Tomaten, schneiden Sie den Mozzarella und würfeln Sie die geschälte Zwiebel. Entkernen Sie den Pfirsich und schneiden Sie ihn in gefächerte Scheiben. Schneiden Sie den Schnittlauch in feine Röllchen. Erhitzen Sie einen Teelöffel Öl in einer zweiten kleinen Pfanne und braten Sie darin die Zwiebeln und den Schinken etwas an, sodass die Zwiebeln glasig werden.

4 Legen Sie die ausgebackenen Brotscheiben auf Küchenkrepp, damit das Fett etwas aufgefangen wird.

5 Richten Sie nun die Brotscheiben auf einem großen Teller oder einem schönen, rustikalen Holzbrett an.

6 Bestreichen Sie drei der Brote mit dem Kräuterfrischkäse und legen Sie die Schnittlauchröllchen auf eines, die Schinken- und Zwiebelwürfel auf das zweite und die Tomaten und den Mozzarella auf das

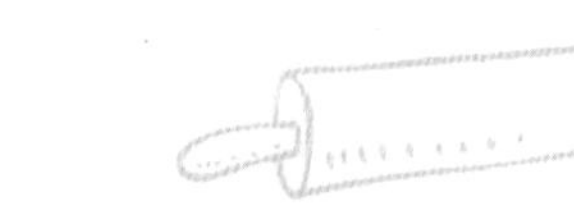

Nährwerte p. P. (ohne Belag):

214 kcal
20 g Kohlenhydrate
6 g Eiweiß
12 g Fett

dritte. Würzen Sie alle drei Brote nach Belieben mit Salz und Pfeffer, das Tomatenbrot auch gerne mit frischem Basilikum.

7 Auf den drei süßen Varianten verteilen Sie einmal die Kirschgrütze mit der Vanillesoße, den Naturjoghurt und den Pfirsich sowie das Apfelmus mit Zimt und Zucker. Bestreuen Sie das Pfirsichbrot mit den Zitronenzesten und beträufeln Sie es mit ein klein wenig Honig.

8 Bringen Sie die armen Ritter noch warm zu Tisch.

Tipps & Fakten: Die süßen Varianten können beispielsweise auch mit Schokosoße oder Chiliflocken gestaltet werden. Bei den herzhaften Varianten machen sich auch Rosmarin, Zitronenthymian oder etwas Paprikapulver sehr gut.

EIER BENEDICT

4 Port.

15 Min.

Schwer

Zutaten

4 Eier
4 Scheiben Bacon
4 Scheiben Toast
4 EL Sauce hollandaise
Essig
Schnittlauch als Garnitur

Nährwerte p. P.

221 kcal
11 g Kohlenhydrate
10 g Eiweiß
15 g Fett

1 Setzen Sie einen mittelgroßen Topf mit Wasser auf und geben Sie einen Spritzer handelsüblichen Essig hinein.

2 Bringen Sie das Wasser zum Kochen, reduzieren Sie dann die Hitze wieder, sodass das Wasser nur noch siedet.

3 Erzeugen Sie mittels eines Schneebesens durch kräftiges Rühren einen Strudel im Wasser, in dessen Mitte Sie das aufgeschlagene Ei gleiten lassen. Durch den Strudel bleiben Eiweiß und Eigelb zusammen, sodass ein schönes Gebinde entsteht.

4 Das Ei sollte, je nach Ihren Vorlieben, drei bis fünf Minuten in dem heißen Wasser ziehen, ehe Sie es mit einer Schaumkelle entnehmen und warm stellen. Wiederholen Sie diesen Vorgang auch mit den übrigen Eiern.

5 Toasten Sie nun das Brot und braten Sie den Bacon kurz in einer beschichteten Pfanne ohne Fett an.

6 Bestreichen Sie den warmen Toast mit ein klein wenig Sauce hollandaise, legen Sie einen Baconstreifen darauf und obenauf das pochierte Ei. Darüber träufeln Sie nun wiederum etwas Sauce hollandaise und garnieren alles mit dem Schnittlauch.

LÖWENZAHNHONIG

16 Port. 53 Std. Leicht

Zutaten

200 g Löwenzahnblüten (mehr macht den Geschmack intensiver)
1 l Wasser
2 unbehandelte Zitronen
1 kg Zucker

Nährwerte p. P.

25 kcal
6 g Kohlenhydrate
0 g Eiweiß
0 g Fett

1 Vorbereitung: Löwenzahn blüht von April bis Mai. Sammeln Sie die geöffneten Blüten des Löwenzahns am Vormittag bei Sonne und fernab von viel befahrenen Straßen.

2 Entfernen Sie die Stängel bis zur Blütenkrone (dem grünen Ansatz, dem die Blüte entspringt) und waschen Sie diese kurz in einem Wasserbad. Waschen Sie die Zitronen und schneiden Sie diese in Scheiben.

3 Füllen Sie das Wasser in einen großen Topf und rühren Sie sachte die Blütenköpfe und die Zitronenscheiben unter. Das Wasser sollte knapp darüberstehen.

4 Nun den Sud für zwei Tage bei Zimmertemperatur ziehen lassen. Wenn Sie einen Topfdeckel zum Abdecken verwenden möchten, legen Sie diesen nicht ganz auf, sodass Luft zirkulieren kann. Rühren Sie gelegentlich um. Es reicht, wenn Sie daran denken, wenn Sie zufällig vorbeigehen.Gießen Sie nach Ablauf der Ziehzeit die Blüten und die Zitronen ab und erhitzen Sie die Flüssigkeit.

5 Geben Sie nach und nach den Zucker hinzu und kochen Sie den Sud bis zur gewünschten Zähigkeit ein. Wenn Sie sich nicht sicher sind, ob die Konsistenz stimmt, geben Sie einen Tropfen auf eine Untertasse (oder etwas Ähnliches), lassen es dort abkühlen und prüfen mit dem Finger, ob die Konsistenz an „normalen" Honig heranreicht. Sollte es noch zu dünnflüssig sein, kochen Sie weiter.

6 Der Kochvorgang kann bis zu vier Stunden dauern. Sie sollten also entsprechend Zeit einplanen, da Sie regelmäßig umrühren müssen, um Anbrennen vorzubeugen.

7 Ist die gewünschte Konsistenz erreicht, den Honig in ausgekochte Schraubgläser füllen und im Vorratsschrank lagern.

BIRNEN-APFEL-OBATZDER

1 Port.

30 Min.

Leicht

Zutaten

½ Birne
½ Apfel
100 g Brie
100 g Crème fraîche
100 g Quark, 40 % Fett
100 g Schmand
Salz aus der Mühle
weißer Pfeffer
1 cl Birnengeist
ggf. Kümmel

Nährwerte p. P.

186 kcal
6 g Kohlenhydrate
6 g Eiweiß
15 g Fett

1 Schälen Sie den Apfel und die Birne und schneiden Sie beides in sehr kleine Würfel.

2 Marinieren Sie das Obst mit dem Birnengeist und lassen Sie es für 20 Minuten durchziehen.

3 In der Zwischenzeit zermusen Sie den Brie mit einer Gabel und vermengen ihn mit der Crème fraîche, dem Quark und dem Schmand.

4 Gießen Sie die überflüssige Flüssigkeit vom Obst ab und heben Sie es unter die Briemischung.

5 Würzen Sie den Obatzder mit Salz und Pfeffer, wenn Sie möchten, auch mit ganzem Kümmel.

6 Reichen Sie den Obatzder zu frischen Laugenbrezeln.

Tipps & Fakten: Frische, in Ringe geschnittene Frühlingszwiebeln verleihen dem Birnen-Obatzder eine feinwürzige Note.
Obatzder oder auch Obazda ist aus der traditionellen bayrischen Küche eigentlich gar nicht mehr wegzudenken. Das Wort Obazda könnte man auch mit „Angematschter“ bezeichnen, was im Grunde auf die Herstellungsart zurückgeht, denn der Käse wird mit einer Gabel „zermatscht“ und dann mit den anderen Zutaten vermischt. In anderen deutschen Regionen kennt man einen ähnlichen Brotaufstrich unter dem Namen „Gerupfter“.

POMMERSCHE APFELGRIEBEN

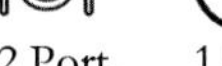

12 Port. 1 Std. Leicht

Zutaten

500 g Gänseschmalz
500 g Rückenfett vom Schwein
250 g gepökelter, geräucherter Gänsemagen
200 g säuerliche Äpfel
200 g Zwiebeln
Salz, Majoran, Thymian

Zusätzliches Equipment:
Fleischwolf

Nährwerte p. P.

774 kcal
3 g Kohlenhydrate
1 g Eiweiß
83 g Fett

1 Schälen Sie die Zwiebeln und die Äpfel und schneiden Sie beides in kleine Würfel. Anschließend beiseitestellen.

2 Nun waschen Sie das Rückenfett, tupfen es trocken und schneiden es ebenfalls in kleine Würfel. Geben Sie es in einen Topf und braten Sie es unter ständigem Rühren an, bis es eine goldbraune Farbe hat.

3 Sieben Sie nun das flüssige Schmalz und stellen Sie die Grieben beiseite.

4 Erwärmen Sie das Gänseschmalz (nicht zu stark!), geben Sie die Äpfel und die Zwiebeln hinein und bräunen sie unter ständigem Rühren.

5 Beides wieder abseihen und in die Schüssel mit den Schweinegrieben geben.

6 Drehen Sie nun den Gänsemagen durch den Fleischwolf und vermengen Sie ihn mit einer Gabel mit den Zwiebeln, den Äpfeln und den Grieben. Mit Salz, Thymian und Majoran abschmecken.

7 Apfelgrieben isst man vornehmlich auf Roggenbrot, aber auch zu Salzkartoffeln werden sie gerne gereicht.

Tipp: Das abgeseihte Schmalz können Sie wunderbar für Rotkohl, Sauerkraut oder herzhafte Soßen wiederverwenden.

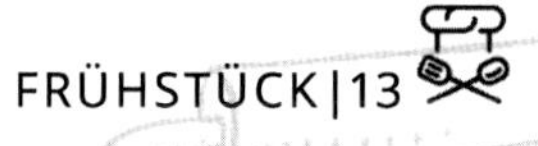

HESSISCHER KOCHKÄSE

1,6 Kg

15 Min.

Leicht

Zutaten

200 g Harzer Roller
200 g Butter
200 g Schmand
200 g Schmelzkäse Typ Sahne
2 Msp. Natron
2 TL ganzer Kümmel
etwas Schnittlauch in Röllchen zum Garnieren

Nährwerte p. P.

347 kcal
1 g Kohlenhydrate
12 g Eiweiß
33 g Fett

1 Schneiden Sie den Harzer Roller in Würfel und die Butter in grobe Stücke.

2 Schmelzen Sie die Butterstücke in einem Topf bei geringer Hitze.

3 Geben Sie den Harzer hinein und warten Sie, bis auch er geschmolzen ist. Rühren Sie währenddessen immer wieder um.

4 Fügen Sie nun unter ständigem Rühren den Schmelzkäse und den Schmand hinzu, belassen Sie es bei möglichst wenig Hitze.

5 Sobald sich die Masse schön miteinander verbunden hat, schlagen Sie das Natron unter die Käsemischung. Geben Sie acht, es schäumt sehr stark! Die Masse wird sich verdoppeln, kochen Sie sie für 3 - 5 Minuten weiter.

6 Geben Sie den Kümmel hinzu und nehmen Sie den Topf vom Herd. Füllen Sie den Kochkäse in Gläser oder hitzefeste Schüsseln und lassen Sie ihn abkühlen.

7 Reichen Sie dazu frisches Roggen- oder Bauernbrot, Radieschen, Gewürzgurken oder Tomaten.

Tipps & Fakten: Kochkäse schmeckt sowohl lauwarm als auch kalt. In einer Schüssel mit Deckel und im Kühlschrank aufbewahrt hält sich Kochkäse gut eine Woche. Er neigt allerdings zum Nachreifen, was sowohl das Aroma intensiviert als auch die Konsistenz verändert. Wenn er zu fest geworden ist, erwärmen Sie ihn einfach noch mal.

Brot und Brötchen

ROGGEN-WALNUSS-BROT

1 Brot | 2 Std. 40 Min. | Mittel

Zutaten

500 g Roggenmehl
500 g Dinkelmehl
50 g Butter, zimmerwarm
1 Würfel frische Hefe
600 ml lauwarmes Wasser
100 g Walnüsse, grob gehackt
20 g Salz

Nährwerte p. P.

243 kcal
38 g Kohlenhydrate
6 g Eiweiß
8 g Fett

1 Heizen Sie den Backofen auf 220 °C Ober-/Unterhitze vor.

2 Geben Sie das Mehl und die Butter in eine Schüssel, drücken Sie eine Mulde hinein und bröckeln Sie die Hefe in die Mulde.

3 Verrühren Sie den Schüsselinhalt zusammen mit einem Viertel des lauwarmen Wassers zu einem Vorteig, den Sie einige Minuten gehen lassen.

4 Mischen Sie nun das Salz und den Rest des Wassers unter und verkneten Sie alles zu einem glatten Teig. Heben Sie die Walnüsse unter. Nun muss der Teig für 60 Minuten abgedeckt an einem warmen Ort ruhen.

5 Nach Ablauf der Gehzeit teilen Sie den Teig in zwei Teile, kneten Sie beide nochmals durch, fügen Sie die Teighälften wieder zusammen und walken Sie diese erneut durch.

6 Nun in eine Silikonform oder eine gefettete und ausgemehlte Kastenform geben und zugedeckt weitere 20 Minuten gehen lassen.

7 Backen Sie das Brot zunächst für 20 Minuten bei 220 °C vor, reduzieren Sie dann die Hitze auf 200 °C und backen Sie das Walnussbrot für 30 - 35 Minuten fertig.

8 Nach dem Auskühlen aus der Form stürzen und frisch servieren oder als ganzen Laib einfrieren.

DINKELBROT OHNE GEHEN

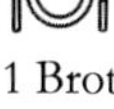

1 Brot | 1 Std. 10 Min. | Leicht

Zutaten

500 g Dinkelmehl
1 Würfel frische Hefe
450 ml lauwarmes Wasser
3 El Balsamicoessig (dunkel)
2 TL Salz
je nach Geschmack zum Bestreuen: Haferflocken, Sesamkörner, Dinkel, Sonnenblumenkerne

Nährwerte p. P.

327 kcal
60 g Kohlenhydrate
12 g Eiweiß
3 g Fett

1 Zerbröseln Sie die Hefe und lösen Sie sie in dem lauwarmen Wasser auf.

2 Vermischen Sie alle übrigen Zutaten mit dem Wasser und der Hefe und verkneten Sie alles zu einem geschmeidigen Teig.

3 Füllen Sie den Teig in eine Silikonform (alternativ ausgefettete und ausgemehlte Kastenform) und bestreuen Sie es mit den Saaten Ihrer Wahl.

4 Backen Sie das Brot bei 200 °C Ober-/Unterhitze.

5 Auskühlen lassen, aus der Form stürzen und frisch genießen.

FLUFFIGE MILCHBRÖTCHEN, SCHNELL UND EINFACH

10 Stück

1 Std. 40 Min.

Mittel

Zutaten

250 ml Vollmilch
500 g Mehl
80 g Butter
1 Ei
½ Würfel Hefe (21 g)
50 g Zucker
1 Pck. Vanillezucker
1 Prise Salz
Mehl für die Arbeitsfläche
Fett für die Form
Milch zum Bestreichen
nach Wunsch Schokocreme zum Füllen und/oder geschmolzene Schokolade zum Besprenkeln

Zusätzliches Equipment:
bei Bedarf Rührmaschine, alternativ Handrührgerät

Nährwerte p. P.

279 kcal
43 g Kohlenhydrate
7 g Eiweiß
9 g Fett

1 Heizen Sie den Ofen auf 180 °C Ober-/Unterhitze (160 °C Umluft) vor und fetten Sie eine Back- oder Auflaufform mit der Größe von ca. 30 x 20 cm aus.

2 Erwärmen Sie die Milch und schneiden Sie die Butter in Stückchen. Geben Sie die Butter in die warme Milch und lassen Sie sie dort schmelzen.

3 Mischen Sie nun das Mehl, den Zucker, den Vanillezucker und das Salz in einer Schüssel, zerbröseln Sie die Hefe und geben Sie die Brösel mit in die Schüssel. Quirlen Sie das Ei in die lauwarme Milchmischung (Achtung: Das Ei darf nicht wegen zu viel Hitze stocken!) und verkneten Sie die Milch-Ei-Mischung mit der Mehlmischung. Dies gelingt am besten mit einer Rührmaschine mit Knethaken und dauert ca. 3 Minuten, je nach Rührmaschine.

4 Geben Sie den fertigen Teig nun in eine Rührschüssel, decken Sie diese mit einem Küchentuch ab und lassen Sie den Teig für 45 Minuten an einem warmen Ort gehen. Am Ende der Gehzeit sollte sich das Volumen etwa verdoppelt haben.

5 Kneten Sie den Teig nun nochmals durch und teilen Sie ihn mit einem Messer oder einer Teigkarte in zehn gleich große Teile. Bemehlen Sie Ihre Hände sowie die Arbeitsfläche und formen Sie aus den Teigstücken runde Kugeln.

6 Wenn Sie möchten, können Sie nun die Teiglinge mit je einem Teelöffel Schokocreme füllen und wieder gut verschließen.

7 Legen Sie die Brötchen in die Backform, drücken Sie sie ein kleines bisschen flach, sodass sie eine runde Brötchenform haben, und geben Sie ihnen weitere 15 Minuten Ruhe.

8 Bestreichen Sie die Brötchen mit der Milch, schieben Sie das Blech auf die mittlere Schiene des Backofens und backen Sie die Milchbrötchen für ca. 20 Minuten. Sie sollten nur eine ganz dezente Bräune bekommen, nicht braun werden.

9 Nach dem Backen abkühlen lassen und nach Wunsch noch mit flüssiger Schokolade besprenkeln.

FIXE FRÜHSTÜCKSHÖRNCHEN

16 Stück

35 Min.

Leicht

Zutaten

750 g Mehl
250 ml lauwarme Milch
200 ml lauwarmes Wasser
2 Pck. Trockenhefe
1,5 TL Salz
1 TL Zucker
120 g weiche Butter

Zum Bestreichen und Bestreuen:
1 Ei
2 El Milch
Topping nach Wahl (Sesam, Mohn, Sonnenblumenkerne, Leinsamen, Kümmel oder auch grobes Salz)

Außerdem:
Mehl für die Arbeitsfläche

Nährwerte p. P.

235 kcal
34 g Kohlenhydrate
6 g Eiweiß
8 g Fett

1 Heizen Sie den Backofen auf 200 °C Ober-/Unterhitze vor und legen Sie ein Backblech mit Backpapier aus.

2 Geben Sie die Hefe in die lauwarme Milch und gießen Sie das lauwarme Wasser dazu.

3 Rühren Sie das Salz und den Zucker unter, kneten Sie das Mehl mit hinein, bis sich alles gut vermengt hat. Kneten Sie jetzt die weiche Butter unter, bis ein geschmeidiger Teig entsteht.

4 Rollen Sie den Teig auf einer bemehlten Arbeitsfläche ca. 0,5 cm dick aus und teilen Sie ihn in acht gleich große Quadrate auf.

5 Schneiden Sie jedes Quadrat diagonal ein, sodass Sie 16 Dreiecke erhalten.

6 Rollen Sie nun jedes der Dreiecke von der breiten Seite her auf und formen Sie es halbmondförmig, sodass ein Hörnchen entsteht.

7 Verquirlen Sie das Ei mit der Milch, bestreichen Sie damit die Hörnchen und bestreuen Sie diese mit dem Topping Ihrer Wahl, gerne auch jedes anders.

8 Backen Sie die Hörnchen für 15 Minuten im Backofen, sie sollen eine zarte Bräune haben und nicht zu dunkel werden.

9 Die Hörnchen schmecken sowohl zu herzhaftem als auch zu süßem Frühstück.

Soßen, Dips & Cremes

HÜHNERLEBERCREME

6 Port. | 20 Min. | Leicht

Zutaten

350 g Hühnerleber, frisch
100 g Zwiebeln, fein gehackt
20 ml Sahne
4 TL Zucker
1 TL Zimt
1 Prise Chilipulver
Salz und Pfeffer

Zusätzliches Equipment:
Pürierstab

Nährwerte p. P.

32 kcal
5 g Kohlenhydrate
1 g Eiweiß
1 g Fett

1 Waschen Sie die Leber und schneiden Sie sie in kleine Stücke.

2 Geben Sie die Leber zusammen mit der Zwiebel und den Gewürzen in einen Topf und rösten Sie das Fleisch kräftig an.

3 Löschen Sie mit Sahne ab und kochen Sie alles kurz auf.

4 Das Fleisch nun abkühlen lassen und mit einem Pürierstab pürieren, bis es eine homogene, cremige Konsistenz aufweist.

5 Füllen Sie die Lebercreme in saubere Gläser, dekorieren Sie die Creme mit einem Hauch Zimt und bewahren Sie die Gläser im Kühlschrank auf.

BRATENSOßE VEGANER ART

4 Port. 30 Min. Leicht

Zutaten

50 ml veganer Rotwein
2 EL Tomatenmark
2 Knoblauchzehen
2 Möhren
150 g Lauch
2 EL Mehl
1 EL Sojasoße
1 TL Senf
1 rote Zwiebel
3 Champignons
2 Rosmarinzweige
3 EL Pflanzenöl (zum Braten)
1 EL Agavendicksaft
750 ml Gemüsebrühe
Salz und Pfeffer
2 Lorbeerblätter
1 Prise Zucker

Zusätzliches Equipment:
Pürierstab

Nährwerte p. P.

266 kcal
29 g Kohlenhydrate
6 g Eiweiß
10 g Fett

1 Waschen, putzen und schälen Sie das Gemüse, schneiden Sie die Zwiebel und den Lauch in Ringe, die Möhre in Stücke und die Champignons in Viertel.

2 Erhitzen Sie das Öl in einem Topf und rösten Sie das Gemüse darin an.

3 Geben Sie das Tomatenmark und den Zucker hinzu und rösten Sie weiter, bis das Gemüse eine zart bräunliche Farbe angenommen hat.

4 Streuen Sie nun das Mehl über das Gargut und rösten Sie es für weitere zwei Minuten.

5 Würzen Sie mit Salz und Pfeffer und löschen Sie alles mit dem Rotwein ab.

6 Rühren Sie Senf, Sojasoße und Agavendicksaft ein, fügen Sie die Rosmarinzweige und die Lorbeerblätter hinzu.

7 Gießen Sie nun die Gemüsebrühe auf und lassen Sie alles für etwa zehn Minuten bei mittlerer Hitze köcheln.

8 Streichen Sie nun die Gemüsesoße durch ein feines Sieb in einen zweiten Topf. Kochen Sie die Soße so lange weiter, bis sie die gewünschte Konsistenz erreicht hat. Schmecken Sie mit Salz, Pfeffer, Zucker und Senf ab.

9 In einer Sauciere zu Tisch gebracht sieht Bratensoße besonders schön aus.

PETERSILIENSOẞE ZU FISCH

4 Port.

35 Min.

Leicht

Zutaten

40 g Butter
40 g Mehl
500 ml Vollmilch
2 Bund krause Petersilie
Salz und Pfeffer aus der Mühle

Nährwerte p. P.

195 kcal
18 g Kohlenhydrate
6 g Eiweiß
12 g Fett

1 Waschen Sie die Petersilie und hacken Sie sie fein.

2 Schmelzen Sie in einem Topf die Butter und geben Sie nach und nach das Mehl hinzu, rösten Sie die Mehlschwitze kurz an. Sie soll aber keine dunkle Farbe bekommen, das wäre unzuträglich für die Optik der Soße.

3 Löschen Sie nach und nach mit der Milch ab.

4 Heben Sie nun die Petersilie unter die Soße und schmecken Sie diese mit Salz und Pfeffer nach Geschmack ab.

5 Am besten schmeckt die Soße, wenn sie 20 Minuten durchziehen darf.

Tipps & Fakten: Je mehr Petersilie Sie verwenden, desto intensiver wird der Geschmack und auch die Optik verwandelt sich in ein frisches Grün. Selbstredend können Sie auch weniger Petersilie verwenden als hier angegeben. Ein Spritzer Zitronensaft sorgt für einen frischen Geschmack.

SCHINKENAUFSTRICH

4 Port.

1 Std. 15 Min.

Leicht

Zutaten

200 g Schinken
150 g Quark
1 EL Meerrettich (Glas)
120 g Butter
Salz und weißer Pfeffer nach Geschmack

Nährwerte p. P.

227 kcal
3 g Kohlenhydrate
15 g Eiweiß
26 g Fett

1 Schneiden Sie den Schinken in sehr feine Streifen und mischen Sie ihn mit den übrigen Zutaten. Würzen Sie ganz nach Ihrem Geschmack mit Salz und weißem Pfeffer. Nun den Schinkenaufstrich für eine Stunde im Kühlschrank ziehen lassen.

2 Servieren Sie den Aufstrich zu frischem Brot, Laugengebäck oder Gemüsesticks.

Tipps & Fakten: Saure Gurken peppen den Schinkenaufstrich auf, auch Tomaten oder Snackpaprikawürfel schmecken darin vorzüglich. Als Garnitur eignet sich Petersilie.

KRESSE-DIP

4 Port.

5 Min.

Leicht

Zutaten

2 Kästchen Kresse
200 g Frischkäse Natur
1 Becher Schmand
2 kleine Zwiebeln
gemahlener Liebstöckel
1 Spritzer Zitronensaft
eine Prise Zucker
Salz und Pfeffer aus der Mühle

Nährwerte p. P.

272 kcal
3 g Kohlenhydrate
2 g Eiweiß
28 g Fett

1 Brausen Sie die Kresse ab und schütteln Sie sie leicht trocken, schneiden Sie die Kresse von den Schälchen herunter.

2 Schälen und hacken Sie die Zwiebeln zu sehr kleinen Würfelchen. Vermengen Sie alle Zutaten miteinander und schmecken Sie mit dem Zitronensaft und den Gewürzen herzhaft ab. Besonders adrett sehen frische Gänseblümchen als Garnitur aus.

3 Reichen Sie den Dip zu Gemüsesticks, Ofenkartoffeln, Hähnchenbrustfilet oder zum Raclette.

MEERRETTICHSOßE

4 Port. 15 Min. Leicht

Zutaten

50 g Butter
40 g Mehl
50 g geriebener Meerrettich, frisch oder aus dem Glas
100 ml Milch
300 ml Fleisch- oder Gemüsebrühe
etwas Zitronensaft
Salz und Pfeffer
geriebene Muskatnuss

Nährwerte p. P.

200 kcal
12 g Kohlenhydrate
4 g Eiweiß
15 g Fett

1 Schälen und reiben Sie den Meerrettich.

2 Stellen Sie aus der Butter und dem Mehl eine Mehlschwitze her, welche Sie nicht anbräunen sollten.

3 Löschen Sie die Mehlschwitze mit der Milch ab und rühren Sie den geriebenen Meerrettich ein.

4 Gießen Sie die Brühe an und lassen Sie die Soße für zwei Minuten kochen.

5 Reduzieren Sie die Hitze und würzen Sie mit Salz, Pfeffer und Zitronensaft.

6 Schmecken Sie die Soße feian mit geriebener Muskatnuss ab.

7 Die Soße passt am besten zu Tafelspitz und Kartoffeln, aber auch einfach zu Nudeln und Roter Bete.

Tipps & Fakten: Muskatnuss gibt man immer zuletzt in ein Gericht, da sich das Aroma sonst verflüchtigt.

Wundern Sie sich nicht, falls frischer Meerrettich beim Reiben grau wird, dies ist kein Zeichen von Verderbnis, sondern ganz normal. Falls Sie das Ergrauen vermeiden wollen, geben Sie den Zitronensaft schon auf den geriebenen Meerrettich anstatt später in die Soße.

Salate

KLASSISCHER WURSTSALAT

4 Port.

2 Std. 20 Min.

Leicht

Zutaten

300 g Lyoner
1 rote Zwiebel
50 g Gewürzgurken, abgetropft
1 EL Senf
1 Spritzer Zitronensaft
50 ml Rapsöl
50 ml Kräuteressig
eine Prise Zucker
Salz und Pfeffer aus der Mühle
Schnittlauchröllchen zum Dekorieren

1 Schneiden Sie die Lyoner in Streifen, die Gewürzgurken in Scheiben.

2 Schälen Sie die Zwiebel und schneiden Sie diese in feine, halbmondförmige Scheiben.

3 Vermengen Sie diese drei Zutaten.

4 Nun stellen Sie aus dem Essig, dem Öl, dem Senf, dem Zitronensaft und den Gewürzen eine samtige Vinaigrette her, die sie über den Salat geben.

5 Gut durchmischen und zwei Stunden im Kühlschrank ziehen lassen.

6 Vor dem Servieren können Sie den Salat mit den Schnittlauchröllchen bestreuen.

Nährwerte p. P.

198 kcal
1 g Kohlenhydrate
6 g Eiweiß
18 g Fett

Tipps & Fakten: Wer möchte, kann 100 g Gouda oder anderen Käse seiner Wahl ebenfalls in Streifen schneiden und hinzugeben. Mancherorts gibt man auch gekochte Eier oder Paprika in den Wurstsalat, das ist regional ganz unterschiedlich. Probieren Sie sich gerne auch mit verschiedenen Essigsorten aus.

SCHNELLER BOHNENSALAT

4 Port. 10 Min. Leicht

Zutaten

2 Gläser grüne Bohnen, Abtropfgewicht ca. 550 g
2 Zwiebeln
4 EL Essig
3 EL Öl
4 EL Wasser
1 Prise Zucker
Salz und Pfeffer
1 EL gemischte frische Gartenkräuter, gehackt

Nährwerte p. P.

131 kcal
13 g Kohlenhydrate
8 g Eiweiß
3 g Fett

1 Geben Sie die Bohnen zum Abtropfen in ein Küchensieb.

2 Schälen Sie die Zwiebeln und hacken Sie diese in feine Stückchen.

3 Stellen Sie aus dem Essig, dem Öl, dem Wasser und den Gewürzen ein Dressing her, mischen Sie dieses mit den gehackten Gartenkräutern.

4 Geben Sie die Zwiebeln in das Dressing.

5 Nun vermengen Sie einfach die Bohnen mit dem Dressing und fertig ist der gesunde, herzhafte Beilagensalat.

Tipps & Fakten: Wer mag, kann den Bohnensalat mit ausgelassenem geräuchertem Speck oder 100 g Feta aufpeppen. Wünschen Sie eine fruchtigere Note, können Sie den Salat beispielsweise auch mit Möhren, Rosinen und Blaubeeren zubereiten, welche nebst Haselnüssen einen großartigen Kontrast zu den Bohnen bilden. Hierfür würde sich dann Apfelessig im Dressing empfehlen.

SCHICHTSALAT NACH ALTHERGEBRACHTEM REZEPT

10 Port.

12 Std.
20 Min.

Leicht

Zutaten

2 Stangen Lauch
300 g Mais (Konserve)
300 g eingelegter Sellerie in Streifen
3 Äpfel, ohne Schale, geraspelt
4 hartgekochte Eier
150 g gekochter Schinken
150 g Reibekäse

Für das Dressing:
2 Becher Schmand
1 Spritzer Zitronensaft
1 Prise Zucker
1 EL Öl
1 TL Essig
Salz und Pfeffer aus der Mühle
oder
500 g Salatcreme (z. B. Miracle Whip)
nach Belieben Schnittlauchröllchen oder Petersilie zum Garnieren

Nährwerte p. P.

200 kcal
18 g Kohlenhydrate
11 g Eiweiß
8 g Fett

1 Pellen Sie die Eier und verarbeiten Sie sie zu feinen Scheiben. Entfernen Sie die äußeren Blätter des Lauchs, schneiden Sie den harten Teil des Grüns ab und schneiden den Lauch samt dem grünen Teil in feine Ringe. Nun waschen und gründlich abtropfen lassen.

2 Geben Sie den Sellerie in ein Sieb, sodass auch er abtropfen kann. Den Mais ebenfalls in einem zweiten Sieb abtropfen lassen. Nun schneiden Sie den gekochten Schinken in Streifen und raspeln die Äpfel.

3 Nehmen Sie nun eine große Schüssel (idealerweise aus Glas, um die schönen Schichten zur Geltung zu bringen) und schichten Sie die Zutaten von unten nach oben folgendermaßen hinein: Sellerie – Apfel – Kochschinken – Mais – Lauch – Apfel.

4 Rühren Sie den Schmand mit den Gewürzen und dem Zitronensaft zu einem festen Dressing. Es darf nicht zu flüssig sein, weil es sonst in die verschiedenen Schichten hineinläuft. Geben Sie das Dressing oben auf den Salat und streichen Sie es glatt.

5 Belegen Sie die Schmandschicht mit den Eierscheiben, streuen Sie den Reibekäse darüber und garnieren Sie diesen wiederum mit Schnittlauchröllchen oder kleinen Petersilien-Ästchen.

6 Decken Sie nun die Schüssel mit einem Deckel oder Frischhaltefolie ab und lassen Sie den Salat für zwölf Stunden im Kühlschrank ziehen.

7 Zum Servieren halten Sie am besten großes Salatbesteck bereit, damit man von jeder Schicht in der Schüssel etwas auf den Teller bekommt.

ENDIVIENSALAT MIT ÄPFELN UND SPECK

4 Port.

15 Min.

Leicht

Zutaten

1 Kopf Endiviensalat
2 Zwiebeln
3 rote Äpfel, z. B. Braeburn
150 g geräucherter Speck in Würfeln
125 ml Gemüsebrühe
1TL Senf
1 EL Zitronensaft
3 EL Weißweinessig
2 EL geschmacksneutrales Öl
½ Bund frischer Majoran
Salz und Pfeffer aus der Mühle

Zusätzliches Equipment:
Salatschleuder

Nährwerte p. P.

216 kcal
19 g Kohlenhydrate
9 g Eiweiß
11 g Fett

1 Waschen, lesen und trocknen Sie den Endiviensalat, zupfen Sie ihn in mundgerechte Stücke.

2 Schälen Sie die Zwiebeln und schneiden Sie sie in kleine Würfel.

3 Waschen Sie die Äpfel, entfernen Sie das Kerngehäuse und schneiden Sie sie in feine Spalten. Beträufeln Sie die Apfelspalten mit Zitronensaft.

4 Erhitzen Sie eine antihaftbeschichtete Pfanne und lassen Sie den Speck darin aus, geben Sie nach wenigen Minuten die Zwiebeln hinzu und garen Sie beides weiter, bis die Zwiebeln glasig sind.

5 Nehmen Sie die Pfanne vom Herd, rühren Sie behutsam die Apfelspalten unter und lassen Sie das Ganze für ein paar Minuten durchziehen.

6 Unterdessen verrühren Sie Essig, Senf, Gemüsebrühe, Salz und Pfeffer miteinander und schlagen nach und nach mit einem Schneebesen das Öl ein, bis das Dressing eine seidige Konsistenz erreicht hat. Zupfen Sie nun die Majoranblättchen von den Stielen und geben Sie diese in das Dressing hinein.

7 Vermischen Sie nun den Salat mit der Vinaigrette und heben Sie die durchgezogene Apfel-Zwiebel-Speck-Mischung unter.

8 Garnieren Sie den Salat nach Belieben mit Majoranzweigen und servieren ihn, solange er durch das Dressing noch leicht lauwarm ist. Der Salat passt hervorragend zu Pell- oder Salzkartoffeln.

Tipp: Knoblauchfreunde nehmen für mehr Würze anstatt neutralem Öl einfach Knoblauchöl.

FELDSALAT MIT WALNÜSSEN UND ROTE BETE

4 Port.

30 Min.

Leicht

Zutaten

200 g Rote Bete, vorgekocht und vakuumiert
400 g Feldsalat
1 kleine Handvoll Walnüsse
1 süß-säuerlicher Apfel
1 kleine Schalotte oder Zwiebel
2 EL Apfelessig
4 EL neutrales Öl oder auch Walnussöl
2 TL Senf
1 TL Honig
Salz und Pfeffer aus der Mühle
nach Bedarf frische gehackte Gartenkräuter

Zusätzliches Equipment:
Salatschleuder

1 Schneiden Sie die Rote Bete in mundgerechte Stücke, schälen Sie die Zwiebel und hacken Sie sie fein.

2 Waschen und verlesen Sie nun den Salat, schleudern Sie ihn trocken und geben Sie ihn in eine große Schüssel.

3 Fügen Sie die Rote Bete und die Zwiebel hinzu.

4 Entkernen Sie den Apfel, schneiden Sie ihn in feine Scheiben und geben Sie ihn zu dem restlichen Salat.

5 Verrühren Sie Essig, Salz, Pfeffer, Honig und Senf und schlagen Sie nach und nach das Öl mit einem Schneebesen hinein, um eine samtige Vinaigrette herzustellen.

6 Heben Sie die gehackten Kräuter unter das Dressing und geben Sie dieses über den Salat.

7 Mischen Sie die Zutaten gut durch und servieren Sie den Salat mit den Walnüssen bestreut in kleinen Schälchen.

Nährwerte p. P.

171 kcal
24 g Kohlenhydrate
6 g Eiweiß
4 g Fett

Tipps & Fakten: Wer möchte, kann Walnüsse halbieren und in etwas Honig karamellisieren. Diese gibt man dann noch warm über den Salat.
In manchen Teilen des deutschsprachigen Raums wird Feldsalat auch als „Nüsschen“, „Nüssli“ oder „Vogerlsalat“ bezeichnet.

WEIẞWURSTSALAT

4 Port.

30 Min.

Leicht

Zutaten

8 Weißwürste
1 rote Zwiebel
2 EL süßer Senf
4 EL neutrales Öl
3 EL Essig
Salz und schwarzer Pfeffer
40 g frische Petersilie

Nährwerte p. P.

524 kcal
10 g Kohlenhydrate
17 g Eiweiß
47 g Fett

1 Erhitzen Sie zwei Liter Wasser in einem Topf, nehmen Sie die Hitze zurück und lassen Sie die Weißwürste für zehn Minuten darin ziehen.

2 Währenddessen schälen Sie die Zwiebel und schneiden diese in feine Streifen.

3 Waschen Sie die Petersilie und schütteln Sie sie trocken. Zupfen Sie die Blättchen von den Stielen, behalten Sie eine Kleinigkeit davon als Garnitur zurück.

4 Schneiden Sie die Weißwürste in Scheiben, geben Sie die Zwiebel, die Petersilie und die Wurst in eine Schüssel und salzen Sie die Zutaten leicht.

5 Rühren Sie aus dem Essig, dem Öl, dem süßen Senf und dem Pfeffer ein Dressing an und geben Sie dieses über die Zutaten in der Schüssel. Gut vermischen und vor dem Servieren nochmals abschmecken. Dekorieren Sie den Salat mit der zurückbehaltenen Petersilie.

6 Dazu schmeckt Laugengebäck mit Butter.

Suppen & Eintöpfe

FENCHELSUPPE

4 Port. 50 Min. Leicht

Zutaten

500 g Fenchel
120 g Kartoffeln
100 g Schalotten
1 EL Butter
3 EL Olivenöl
250 ml trockener Weißwein
4 EL Anislikör
350 ml Gemüsebrühe
200 ml Sahne
1 Lorbeerblatt
1 EL Currypulver
Salz und Pfeffer aus der Mühle

Zusätzliches Equipment:
Pürierstab

Nährwerte p. P.

362 kcal
15 g Kohlenhydrate
5 g Eiweiß
26 g Fett

1 Waschen Sie den Fenchel, entfernen Sie den Strunk, trennen Sie das Grün ab und legen Sie es beiseite. Zupfen Sie die Blättchen ab, schneiden Sie die Stiele des Fenchels in feine Ringe und die Knolle in kleine Würfel.

2 Schälen und würfeln Sie die Kartoffeln und die Schalotten.

3 Erhitzen Sie einen Esslöffel Öl in einem Topf und schwitzen Sie unter der Zugabe einer Prise Salz die Schalotten darin an. Geben Sie die Fenchel- und Kartoffelwürfel dazu und braten Sie diese ebenfalls mit an.

4 Streuen Sie das Currypulver darüber und rösten Sie das Gemüse kurz.

5 Löschen Sie mit dem Weißwein ab, geben Sie das Lorbeerblatt in den Topf und gießen Sie das Ganze mit der Gemüsebrühe auf.

6 Köcheln Sie die Fenchelsuppe auf kleiner Flamme für ca. 30 Minuten.

7 Erhitzen Sie in der Zwischenzeit das restliche Öl in einer Pfanne und dünsten Sie darin die Fenchelgrün-Ringe für 2 - 3 Minuten an, würzen Sie leicht mit Salz und Pfeffer.

8 Wenn das Suppengemüse weich ist, nehmen Sie den Topf vom Herd, entfernen das Lorbeerblatt und pürieren die Suppe zu einem feinen Mus.

9 Gießen Sie dieses mit der Sahne auf und kochen Sie die Suppe nochmals für fünf Minuten auf.

10 Schmecken Sie mit Salz, Pfeffer und dem Anislikör ab und dekorieren Sie die Suppe mit dem Fenchelgrün und den Fenchelblättchen.

11 Variationsmöglichkeiten: Probieren Sie auch Würzvarianten mit Estragon und Süßdolde.

KARTOFFELSUPPE MIT HACKKLÖẞCHEN

4 Port.

45 Min.

Leicht

Zutaten

750 g Kartoffeln
500 g Lauch
1 Zwiebel
300 g gemischtes Hackfleisch
3 EL Semmelmehl oder ein eingeweichtes, altbackenes Brötchen
1 Ei
3 Tomaten
1 l heiße Fleischbrühe
geriebene Muskatnuss
Salz und Pfeffer
1 Msp. Selleriesalz
1 Msp. Majoran
1 Prise gemahlener Rosmarin
Öl zum Braten
1 EL gehackte Petersilie als Garnitur

Nährwerte p. P.

434 kcal
45 g Kohlenhydrate
21 g Eiweiß
17 g Fett

1 Schälen Sie die Kartoffeln und schneiden Sie sie in ca. 2 cm große Würfel.

2 Schälen und würfeln Sie auch die Zwiebel, stellen Sie die Hälfte der Zwiebelwürfel beiseite.

3 Schneiden Sie die strunkigen äußeren Blätter des Lauchs ab und schneiden Sie ihn samt dem Grün in feine Ringe. Lockern Sie die Ringe, sodass sie auseinanderfallen und brausen Sie den Lauch in einem Sieb gründlich ab. Wenn Sie den Lauch in geschnittenem Zustand waschen, entfernen Sie Erdreste effektiver.

4 Vermengen Sie das Hackfleisch mit dem Ei und dem Semmelmehl, würzen Sie die Masse mit Muskat, Salz und Pfeffer und kneten Sie die eine Hälfte der Zwiebelwürfel unter. Formen Sie kleine Bällchen aus der Hackfleischmasse, sie sollten etwa die Größe einer Walnuss haben. Anschließend beiseitestellen.

5 Erhitzen Sie in einem großen Topf etwas Öl und braten Sie die andere Hälfte der Zwiebelwürfel sowie den Lauch unter Rühren fünf Minuten kräftig darin an. Geben Sie die Kartoffelwürfel und die heiße Fleischbrühe mit in den Topf und lassen Sie alles zugedeckt 20 Minuten bei mittlerer Hitze köcheln.

6 Fügen Sie nun die Fleischklößchen hinzu und lassen Sie sie für zehn Minuten in der Suppe gar ziehen. Waschen Sie die Tomaten, entfernen Sie den Strunk und schneiden Sie sie in Achtel, welche Sie mit in die Suppe geben und dort kurz mitköcheln.

7 Würzen Sie die Kartoffelsuppe mit Majoran, Rosmarin, Selleriesalz, Muskat und falls nötig nochmals mit Salz und Pfeffer. Bestreuen Sie die Suppe mit der Petersilie und bringen Sie sie in einer Terrine zu Tisch.

Tipps & Fakten: Auch Röstzwiebeln schmecken sehr gut in der Kartoffelsuppe.

OMAS DEFTIGE GRAUPENSUPPE

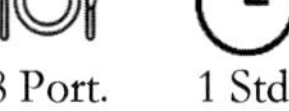

8 Port. 1 Std. Leicht

Zutaten

500 g dicke Rippe vom Schwein
250 g Graupen
500 g Kartoffeln
500 g Suppengemüse
1 große Zwiebel
3 l Wasser, je nachdem, wie flüssig man die Suppe möchte
etwas Öl zum Braten
Salz und Pfeffer
Majoran, Thymian, Bohnenkraut und Kerbel zum Abschmecken
1 EL frische gehackte Petersilie

Nährwerte p. P.

578 kcal
77 g Kohlenhydrate
18 g Eiweiß
20 g Fett

1 Kochen Sie die Graupen nach Packungsanweisung, schütten Sie anschließend das Kochwasser ab. Schälen und würfeln Sie die Kartoffeln. Waschen, putzen und würfeln Sie auch das Suppengemüse und das Schweinefleisch. Schälen Sie die Zwiebel und schneiden Sie sie in feine Halbmonde.

2 Erhitzen Sie etwas Öl in einem großen Topf und schwitzen Sie darin die Zwiebeln kurz an.

3 Geben Sie das Schweinefleisch, das Suppengemüse und etwas Salz hinzu und kochen Sie das Fleisch weich.

4 Fügen Sie die Kartoffelwürfel hinzu und kochen Sie die Suppe weiter, bis die Kartoffeln bissfest sind.

5 Geben Sie nun auch die Graupen in den Topf und gießen Sie die Suppe nach Ihren Vorlieben mit Wasser auf.

6 Würzen Sie die Graupensuppe mit den Gewürzen und lassen Sie sie für 15 Minuten leicht köcheln.

7 Servieren Sie die Graupensuppe mit frischer Petersilie bestreut.

ALPENLÄNDISCHE BIERSUPPE

4 Port. 20 Min. Leicht

Zutaten

2 Scheiben Weißbrot oder Toast
1 EL Butter
30 g Mehl
125 ml Milch
2 Eigelb
500 ml Dunkelbier
250 ml Gemüsebrühe
1 Bund Schnittlauch
Salz und Pfeffer
nach Belieben 4 EL Reibekäse

Zusätzliches Equipment:
Pürierstab

Nährwerte p. P.

578 kcal
77 g Kohlenhydrate
18 g Eiweiß
20 g Fett

1 Waschen Sie den Schnittlauch, schneiden Sie ihn in feine Röllchen und stellen Sie ihn beiseite. Schmelzen Sie nun die Butter in einer Pfanne, schneiden Sie das Brot in kleine Würfel und braten Sie es in der Pfanne goldbraun und kross. Nach Belieben können Sie mit Salz und Pfeffer würzen.

2 Rühren Sie mit einem Schneebesen die Milch und das Mehl glatt, geben Sie die Mischung in einen Topf und rühren Sie nun auch das Eigelb gründlich unter.

3 Erhitzen Sie den Topfinhalt und löschen Sie ihn sofort mit dem Bier ab, sobald er beginnt, Blasen zu werfen.

4 Gießen Sie mit der Brühe auf, bis eine angedickte, cremige Suppe entsteht.

5 Pürieren Sie die Suppe mit dem Pürierstab gut durch, rühren Sie die Schnittlauchröllchen ein und schmecken Sie die Suppe mit Salz und Pfeffer ab.

6 Verteilen Sie die Suppe in Suppenschälchen und dekorieren Sie sie mit den Croûtons und nach Belieben mit je einem Esslöffel Reibekäse.

Tipps & Fakten: Cheddarkäse bildet farblich einen wunderschönen Kontrast zu der Suppe und dem Schnittlauch darin. Für mehr Würze in der Suppe sorgen Majoran und Kümmel. Wer will, schwitzt in dem Topf zuerst eine gewürfelte Zwiebel an, bevor er die Milch und das Mehl mit dem Eigelb darin erhitzt.

SAUERAMPFERSUPPE

4 Port. 35 Min. Leicht

Zutaten

500 g Sauerampfer oder andere Wildkräuter (Giersch, Hirtentäschel, junge Brennnes-selblätter, junge Löwenzahnblätter, weiße Melde)
4 EL Butter
1 l heiße Gemüsebrühe
125 ml Sahne
2 Eigelb
2 Scheiben Toastbrot
1 EL gehackter Kerbel
etwas Cayennepfeffer
Salz

Nährwerte p. P.

269 kcal
8 g Kohlenhydrate
7 g Eiweiß
22 g Fett

1 Waschen Sie den Sauerampfer gründlich, schütteln Sie ihn trocken und schneiden Sie ihn in sehr feine Streifen. Stellen Sie etwa zwei Esslöffel der Sauerampferstreifen für später zur Seite.

2 Erhitzen Sie drei Esslöffel der Butter in einem Topf und dünsten Sie den Sauerampfer bei schwacher Hitze für etwa vier Minuten.

3 Gießen Sie die Gemüsebrühe dazu und köcheln Sie die Suppenbasis zugedeckt bei schwacher Hitze für 15 Minuten.

4 Verquirlen Sie in der Zwischenzeit das Eigelb mit der Sahne und dem Cayennepfeffer und rühren Sie fünf Esslöffel der heißen Suppenbasis mit hinzu.

5 Nehmen Sie die Suppe vom Herd und rühren Sie die Eiermischung unter.

6 Passieren Sie die Suppe durch ein Sieb in einen zweiten Topf, schmecken Sie sie nochmals mit Cayennepfeffer und Salz ab und stellen Sie die Sauerampfersuppe warm.

7 Teilen Sie die Toastscheiben zweimal diagonal, sodass Sie pro Scheibe vier Dreiecke erhalten. Erhitzen Sie den letzten Esslöffel Butter in einer Pfanne und braten Sie darin die Toastecken beidseitig goldbraun an.

8 Bestreuen Sie die Suppe mit dem Kerbel und dem zurückbehaltenen Sauerampfer und servieren Sie dazu das gebratene Brot.

KÄSESUPPE MIT HACK

 4 Port.  45 Min. Leicht

Zutaten

2 Stangen Lauch
300 g Champignons
250 g Hackfleisch
2 EL Mehl
2 EL Butter
1 l Gemüsebrühe
200 ml Weißwein
400 g Kochkäse oder Schmelzkäse mit Kräutern
3 Scheiben Pumpernickel
1 EL gemahlene Haselnüsse
Öl zum Braten
Salz und Pfeffer
Petersilie als Garnitur

Nährwerte p. P.

536 kcal
35 g Kohlenhydrate
35 g Eiweiß
25 g Fett

1 Putzen Sie den Lauch, schneiden Sie ihn in feine Ringe und waschen Sie ihn anschließend. Putzen Sie die Champignons, aber waschen Sie sie nicht.

2 Erhitzen Sie etwas Öl in einer Pfanne und braten Sie darin das Hackfleisch krümelig, nehmen Sie es heraus und stellen Sie es beiseite.

3 Braten Sie in dem Fleischsaft nun den Lauch und die Champignons.

4 Streuen Sie Mehl über das Gemüse und schwitzen Sie es an.

5 Löschen Sie zuerst mit dem Wein, dann mit der Brühe ab und köcheln Sie alles für 15 Minuten.

6 Zerbröseln Sie nun den Pumpernickel, erhitzen Sie die Butter und vermengen Sie darin die Brotkrumen und die Haselnüsse.

7 Rösten Sie den überzogenen Pumpernickel darin an, bis er leicht kross ist.

8 Geben Sie nun auch den Käse in die Suppe und warten Sie, bis er geschmolzen ist.

9 Schmecken Sie die Käsesuppe mit Salz und Pfeffer ab und richten Sie sie mit der Petersilie bestreut in Suppenschälchen an.

10 Reichen Sie dazu die Pumpernickelcroûtons.

Tipps & Fakten: Pumpernickel ist vor rund 700 Jahren in Westfalen entstanden. Schon 100 Gramm dieses Brotes liefern ein Drittel der empfohlenen täglichen Ballaststoffmenge, zudem zahlreiche Proteine und Mineralien.

CURRYWURSTSUPPE

4 Port.

25 Min.

Leicht

Zutaten

400 g feine Bratwurst
1 Gemüsezwiebel
2 Paprika
600 ml passierte Tomaten
100 g Curryketchup
300 ml Gemüsebrühe
1 Becher Schmand
2 TL Currypulver
Salz und Pfeffer
3 EL Öl

Nährwerte p. P.

577 kcal
40 g Kohlenhydrate
22 g Eiweiß
38 g Fett

1 Schneiden Sie die Bratwurst in Scheiben und braten Sie sie in einem Topf mit dem Öl goldbraun an. Putzen Sie die Paprika, schälen Sie die Zwiebel und würfeln Sie beides. Geben Sie das Gemüse mit in den Topf, bestreuen Sie es mit Currypulver und schwitzen Sie alles an.

2 Rühren Sie die passierten Tomaten, den Ketchup und die Gemüsebrühe ein und kochen Sie die Suppe erneut auf, reduzieren Sie die Hitze etwas und kochen Sie sie für fünf Minuten weiter.

3 Schmecken Sie die Currywurstsuppe mit Salz und Pfeffer ab.

4 Richten Sie die Suppe in Schälchen mit je einem Klecks Schmand und Currypulver an.

Hauptgerichte mit Fleisch und Geflügel

HAUSMANNSGULASCH

4 Port.

2 Std. 45 Min.

Schwer

Zutaten

1 kg Gulasch, halb und halb
250 g Zwiebeln
2 Knoblauchzehen
250 g rote Paprika
25 g Tomatenmark
3 EL Öl
200 ml trockener Rotwein
1 l klare Brühe
25 g Mehl
50 g Crème fraîche oder Schmand
1 Lorbeerblatt
Salz und Pfeffer
Paprikapulver edelsüß
Petersilie als Garnitur

Nährwerte p. P.

716 kcal
16 g Kohlenhydrate
53 g Eiweiß
45 g Fett

1 Schälen und hacken Sie die Zwiebeln und den Knoblauch, waschen und entkernen Sie die Paprika und schneiden Sie sie in Würfel. Erhitzen Sie das Öl in einem Bräter und braten Sie das Fleisch in zwei Portionen scharf darin an.

2 Entnehmen Sie das Fleisch wieder und geben Sie die Zwiebeln, den Knoblauch und die Paprikawürfel in den Bratsaft.

3 Braten Sie das Gemüse an, geben Sie die Fleischwürfel hinzu und rühren Sie das Tomatenmark ein. Würzen Sie mit Salz, Pfeffer und Paprikapulver.

4 Braten Sie weiter und löschen Sie das Bratgut mit dem Rotwein ab.

5 Geben Sie das Lorbeerblatt in den Topf und kochen Sie das Gulasch kurz auf. Decken Sie den Bräter ab und schmoren Sie das Gulasch für 1,5 Stunden.

6 Rühren Sie das Mehl mit sechs Esslöffeln kaltem Wasser glatt und rühren Sie das Gemisch in das Gulasch ein. Köcheln Sie nochmals drei Minuten und schmecken Sie mit Salz und Pfeffer ab.

7 Verfeinern Sie das Gulasch mit der Crème fraîche und garnieren Sie es mit ein wenig frischer Petersilie.

GEBRATENE KALBSLEBER MIT APFEL-ZWIEBEL-ALLERLEI

4 Port.

30 Min.

Mittel

Zutaten

600 g Leber
2 große Zwiebeln
60 g Butter
ca. 2 EL Mehl (zum Bestäuben)
Salz und Pfeffer

Für das Apfel-Zwiebel-Allerlei:
4 große Zwiebeln
2 große süß-säuerliche Äpfel
Salz und Pfeffer
etwas Rosmarin, gemahlen
etwas Koriandersaat, gemahlen
nach Belieben etwas gehackte Petersilie
Butter zum Anbraten

Nährwerte p. P.

192 kcal
14 g Kohlenhydrate
3 g Eiweiß
14 g Fett

1 Entkernen und schälen Sie die Äpfel, schälen Sie die Zwiebel und schneiden Sie beides in feine Ringe bzw. Streifen. Erhitzen Sie etwas Butter in einer Pfanne, geben Sie die Zwiebeln hinein und rösten Sie sie leicht an. Geben Sie nun die Apfelstreifen hinzu und nehmen Sie die Hitze zurück. Fügen Sie die Gewürze hinzu und garen Sie die Mischung unter gelegentlichem Rühren, bis die Apfelstreifen weich sind. Vom Herd nehmen und warm stellen.

2 Waschen Sie die Leber und tupfen Sie sie trocken. Entfernen Sie die Röhren und die Haut, sofern noch vorhanden. Schneiden Sie die Leber in 1 ½ cm breite Streifen.

3 Schälen Sie die Zwiebeln, halbieren Sie sie und schneiden Sie sie in feine Ringe. Erhitzen Sie 20 g Butter in einer zweiten Pfanne mit hohem Rand und schwitzen Sie die Zwiebelringe darin an.

4 Nehmen Sie die Zwiebeln wieder heraus, bestäuben Sie die Leber mit Mehl und braten diese kurz scharf an. Nehmen Sie nun die Hitze zurück und braten Sie die Leber weiter. Fügen Sie die restliche Butter und die Zwiebeln hinzu und braten Sie alles weiter, bis die Leber außen braun und innen zart rosa ist.

5 Richten Sie die Leber mit dem Apfel-Zwiebel-Allerlei auf einem Teller an.

6 Dazu passt Kartoffelpüree und grüner Salat mit einem weißen Dressing.

Tipps & Fakten: Experimentierfreudige würzen das Apfel-Zwiebel-Allerlei auch mit Nelke, Zimt oder Kardamom.

KÖNIGSBERGER KLOPSE

4 Port. 50 Min. Leicht

Zutaten

Für die Klopse:
500 g gemischtes Hackfleisch (oder wie im Original Kalbshackfleisch)
125 ml Vollmilch
1 altbackenes Brötchen oder
3 EL Semmelmehl
2 mittelgroße Zwiebeln
1 Ei
1 EL Kapern (Konserve)
3 Sardellenfilets
1 TL mittelscharfer Senf
Salz und Pfeffer aus der Mühle
Muskat
2 l Wasser
2 Lorbeerblätter
3 Nelken
5 Wacholderbeeren
5 Pfefferkörner
2 TL Salz

Für die Kapernsoße:
ca. 400 ml Garwasser
150 ml Sahne
30 g Butter
30 g Mehl
60 g Kapern (Konserve)
nach Belieben etwas Kapernflüssigkeit
2 EL Zitronensaft
1 Prise Zucker
Salz und Pfeffer aus der Mühle
Muskat
evtl. eine Prise getrockneter Salbei, nach Belieben

1 Schneiden Sie das Brötchen in Würfel und weichen Sie es gut in der Milch ein, anschließend ausdrücken.

2 Schälen Sie die Zwiebeln und schneiden Sie eine in Achtel, die andere in kleine Würfel.

3 Hacken Sie die Kapern und die Sardellenfilets fein.

4 Mischen Sie die ausgedrückten Brötchenwürfel, die Zwiebelwürfel, das Hackfleisch und das Ei mit Senf, Salz, Pfeffer und Muskat sowie den Kapern und den Sardellen.

5 Formen Sie aus der Hackfleischmasse Klopse, etwa in der Größe eines Hühnereis, nur eben rund.

6 Setzen Sie einen großen Topf mit Wasser auf, 2 - 2,5 Liter sollten genügen. Geben Sie die Lorbeerblätter und die übrigen Gewürze zusammen mit den Zwiebelachteln vom Anfang hinein. Kochen Sie das Wasser auf, reduzieren Sie die Hitze, sodass das Wasser nicht mehr kocht und geben Sie die Klopse hinein, um sie für etwa 20 Minuten gar ziehen zu lassen. Die Klopse dürfen auf keinen Fall kochen. Sobald sie gar sind, holen Sie die Klopse mit einem Schaumlöffel heraus und stellen sie warm.

Nährwerte p. P.

507 kcal
17 g Kohlenhydrate
27 g Eiweiß
36 g Fett

7 Stellen Sie unterdessen aus der Butter und dem Mehl eine Mehlschwitze her, löschen Sie die Mehlschwitze nach und nach mit der Garbrühe aus dem Topf mit den Klopsen ab. Nachdem Sie die Mehlschwitze erneut aufwallen ließen, löschen Sie sie mit der Sahne ab.

8 Geben Sie die Kapern in die Soße und lassen Sie die Soße leicht andicken. Schmecken Sie mit Salz, Pfeffer, Zucker, Muskat und Zitronensaft ab, geben Sie nach Belieben noch etwas von der Kapernflüssigkeit sowie den getrockneten Salbei hinzu. Geben Sie nun die Klopse in die Soße und dekorieren Sie nach Belieben mit etwas frischer gehackter Petersilie.

9 Dazu schmecken Petersilienkartoffeln oder Reis.

FALSCHER HASE MIT PETERSILIENKARTOFFELN

4 Port.

1 Std. 15 Min.

Leicht

Zutaten

600 g Kartoffeln, vorwiegend festkochend
2 gestr. TL Salz
4 EL gehackte, frische Petersilie
2 TL Butter
500 g Hackfleisch gemischt
4 Eier
50 g Zwiebelwürfel
40 g Semmelmehl
3 TL Senf
Salz und Pfeffer
2 EL Butter

Nährwerte p. P.

630 kcal
9 g Kohlenhydrate
32 g Eiweiß
52 g Fett

1 Kochen Sie drei Eier hart.

2 Mischen Sie das Hackfleisch mit dem vierten rohen Ei, dem Semmelmehl, den Zwiebelwürfeln (wenn es Ihnen beliebt, können Sie die Zwiebeln zuvor glasig dünsten, notwendig ist dies jedoch nicht) sowie Senf, Salz und Pfeffer.

3 Zerlassen Sie zwei Esslöffel Butter in einem Schälchen, bestreichen Sie damit ein Backblech, den Rest heben Sie für den nächsten Schritt auf.

4 Nehmen Sie nun ein Drittel des Hackfleischs ab, formen Sie es zu einem flachen, länglichen Boden von etwa 1 cm Dicke und setzen Sie ihn auf das gebutterte Blech.

5 Legen Sie die drei hartgekochten, gepellten Eier hintereinander auf den Hackfleischboden.

6 Formen Sie jetzt mit dem restlichen Hackfleisch einen länglichen Laib, ähnlich einem Brotlaib, über die Eier. Die Eier müssen vollständig „versteckt" sein.

7 Bestreichen Sie den Hackbraten mit dem Rest der zerlassenen Butter und backen Sie den falschen Hasen für 45 Minuten auf mittlerer Schiene bei ca. 200 °C Ober-/Unterhitze.

8 Schälen und vierteln Sie in der Zwischenzeit die Kartoffeln, erhitzen Sie Wasser in einem Topf und geben Sie die Kartoffelviertel mitsamt zwei gestrichenen Teelöffeln Salz hinein. Kochen Sie die Kartoffeln bissfest, so wie Sie sie mögen. Gießen Sie das Kochwasser ab, lassen Sie zwei Teelöffel Butter über den Kartoffeln zerfließen und mischen Sie die Petersilie in die Butterkartoffeln.

9 Zu falschem Hasen und Petersilienkartoffeln schmeckt Buttergemüse und eine dunkle Soße sowie ein frischer grüner Salat

PAPRIKAHUHN UNGARISCHE ART

4 Port.

2 Std. 30 Min.

Leicht

Zutaten

8 Hähnchenschenkel (alternativ 16 Unterkeulen, erfahrene Köche verwenden ein ganzes Hähnchen)
3 bunte Paprika
3 Zwiebeln
3 Knoblauchzehen
1600 g geschälte, gehackte Tomaten (Konserve)
100 g saure Sahne
3 TL Paprika, edelsüß
1 TL Paprika, rosenscharf
½ Chilischote, entkernt und in groben Stücken
1 Prise Zucker
Salz und Pfeffer
ggf. Stärke zum Andicken
3 El Öl zum Anbraten

Zusätzliches Equipment:
Bräter

Nährwerte p. P.

784 kcal
25 g Kohlenhydrate
83 g Eiweiß
39 g Fett

1 Heizen Sie den Ofen auf 150 °C Umluft vor.

2 Waschen und entkernen Sie die Paprika, schneiden Sie sie in mundgerechte Stücke.

3 Schälen Sie die Zwiebeln und den Knoblauch, schneiden Sie die Zwiebeln in Ringe und hacken Sie die Knoblauchzehen.

4 Braten Sie die Hähnchenschenkel in dem Öl scharf von beiden Seiten an.

5 Geben Sie das Gemüse hinzu und braten Sie es kurz mit.

6 Würzen Sie das Bratgut mit Salz, Pfeffer und dem Paprikapulver.

7 Gießen Sie die gehackten Tomaten an und fügen Sie die zerkleinerte Chilischote ohne Kerne hinzu. Setzen Sie den Deckel auf den Bräter und geben Sie ihn für zwei Stunden in den Ofen.

8 Kurz vor Ablauf der Garzeit verrühren Sie die Stärke mit der sauren Sahne, nehmen den Bräter aus dem Ofen und bringen den Inhalt auf dem Herd nochmals kurz zum Kochen.

9 Rühren Sie die Sahne-Stärke-Mischung ein und lassen Sie alles nochmals kurz aufwallen. Schmecken Sie mit Salz, Pfeffer und Zucker ab.

10 Dazu schmecken Pommes oder Reis, aber auch Salzkartoffeln oder einfach frische Baguette.

Tipps & Fakten: Wer es sehr scharf mag, nimmt zwei Chilischoten für das Rezept und gibt sie gehackt und mitsamt den Kernen in die Soße.

ZWIEBEL-SAHNE-PUTENBRUST

4 Port.

40 Min.

Leicht

Zutaten

4 Putenbrustfilets
4 Zwiebeln
2 Knoblauchzehen
1 EL Butter
1 TL Mehl
150 g Crème fraîche oder Frischkäse mit Kräutern
200 ml Sahne
200 ml Gemüsebrühe
2 EL gehackte Petersilie
2 EL Röstzwiebeln
150 g Reibekäse
Salz, Pfeffer und Muskat

Nährwerte p. P.

266 kcal
14 g Kohlenhydrate
6 g Eiweiß
21 g Fett

1 Schälen Sie die Zwiebeln und den Knoblauch, schneiden Sie beides in feine Ringe bzw. Scheiben.

2 Erhitzen Sie eine antihaftbeschichtete Pfanne und braten Sie die Putenbrustfilets von beiden Seiten scharf an, bis sie zart gebräunt sind (nicht durchgaren!).

3 Nehmen Sie die Filets heraus und legen Sie sie in eine Auflaufform.

4 Geben Sie nun die Butter in die Pfanne und lassen Sie darin den Knoblauch und die Zwiebeln aus. Bestäuben Sie das Ganze mit Mehl und rösten Sie es an. Löschen Sie mit der Gemüsebrühe ab und gießen mit der Sahne auf. Würzen Sie mit Salz und Pfeffer, geben Sie die Petersilie hinein. Köcheln Sie die Soße für fünf Minuten, geben Sie die Crème fraîche dazu und schmecken Sie mit Muskat ab.

5 Gießen Sie die Soße über die Schnitzel, streuen Sie die Röstzwiebeln und den Reibekäse darüber.

6 Backen Sie die Filets bei 180°C Umluft für ca. 20 Minuten auf mittlerer Schiene im Ofen fertig. Je nachdem, wie dick die Filets sind, kann sich die Garzeit auch verlängern oder verkürzen.

7 Dazu reicht man Pommes Frites oder Baguette und grünen Salat mit einem frischen Dressing.

SAURE KUTTELN MIT BRATKARTOFFELN

4 Port.

1 Std.

Mittel

Zutaten

8 gegarte große Kartoffeln, nicht zu weich gekocht
Öl zum Braten
Salz, Pfeffer, Rosmarin, Majoran
600 g Kutteln, küchenfertig
1 große Zwiebel
3 EL Mehl
2 EL Öl (für die Kutteln)
750 ml Fleischbrühe
5 Pfefferkörner
1 Lorbeerblatt
1 Nelke
1 Schuss Essig
Salz und Pfeffer
1 Schuss trockener Rotwein

Nährwerte p. P.

464 kcal
42 g Kohlenhydrate
45 g Eiweiß
11 g Fett

1 Schälen Sie die Zwiebel und schneiden Sie sie in feine Würfel.

2 Erhitzen Sie das Öl in einem Topf und rösten Sie darin zunächst nur das Mehl an, bis es gebräunt ist.

3 Geben Sie nun die Zwiebel hinein und rösten Sie diese, bis sie ebenfalls eine bräunliche Farbe angenommen hat.

4 Löschen Sie mit der kalten Fleischbrühe ab, geben Sie einen Schuss Essig und die Gewürze hinzu.

5 Köcheln Sie die Soße für 45 Minuten, schmecken Sie sie mit Salz und Pfeffer ab und verfeinern Sie nach Belieben mit einem Schuss Rotwein.

6 Kochen Sie in der Zwischenzeit die Kutteln weich. Verwenden Sie dabei keinesfalls Salz, sonst werden die Kutteln hart und ungenießbar!

7 Seihen Sie nun die Soße durch ein Sieb ab und fügen Sie Kutteln und Soße in einem Topf zusammen, stellen Sie den Topf warm.

8 Schneiden Sie die gekochten Kartoffeln in mundgerechte Scheiben und erhitzen Sie Öl in einer Pfanne.

9 Braten Sie die Kartoffeln darin goldbraun an, verzichten Sie auf übermäßiges Umrühren, weil die Kartoffeln sonst unter Umständen zerfallen.

10 Würzen Sie mit Salz, Pfeffer, Rosmarin und Majoran, wenn Sie wünschen auch mit einem Hauch edelsüßem Paprikapulver.

11 Servieren Sie die sauren Kutteln nebst Bratkartoffeln und nach Belieben mit grünem Salat.

Tipps & Fakten: Kutteln bestehen aus dem gewaschenen, geschnittenen Pansen eines Rinds und sind heute größtenteils von unserem Speiseplan verschwunden.

SAURE NIERCHEN, RHEINISCHE ART

4 Port.

4 Std. 30 Min.

Schwer

Zutaten

500 g Kalbsnieren
1 l Milch
1 Zwiebel, gewürfelt
4 EL Butter
2 EL Mehl
200 ml Rinderbrühe
2 EL Weißweinessig
1 TL Senf
Salz und Pfeffer
evtl. gehackte Petersilie als Garnitur

Nährwerte p. P.

176 kcal
10 g Kohlenhydrate
10 g Eiweiß
9 g Fett

1 Legen Sie die Kalbsnieren für mindestens vier Stunden (besser über Nacht) in der Milch ein. Stellen Sie die Nieren für diese Zeit in den Kühlschrank.

2 Nach der Einlegezeit tupfen Sie die Nieren ab, schneiden das Fett und die Blutgefäße heraus und schneiden das Fleisch in etwa 2 cm breite Streifen.

3 Erhitzen Sie zwei Esslöffel Butter in einem Topf, braten Sie die Nieren von allen Seiten bei hoher Hitze scharf an, reduzieren Sie die Hitze wieder, würzen Sie mit Salz und Pfeffer und nehmen Sie das Fleisch aus dem Topf.

4 Geben Sie die restliche Butter in den Topf und lassen Sie darin die Zwiebelwürfel aus. Streuen Sie Mehl darüber, bräunen Sie die bemehlten Zwiebeln kurz an und löschen Sie unter ständigem Rühren nach und nach mit der Brühe ab. Sobald die Mehlschwitze eine sämige Konsistenz erreicht hat, rühren Sie den Senf und den Essig unter.

5 Heben Sie nun das Fleisch unter die Soße und garnieren Sie nach Wunsch mit gehackter Petersilie.

6 Reichen Sie dazu Kartoffelpüree oder Salzkartoffeln.

Hauptgerichte mit Fisch

BRATHERING NACH GROßMUTTERS ART

4 Port.

4 Tage 30 Min.

Mittel

Zutaten

8 grüne Heringe
2 Zwiebeln
100 g Mehl
150 g Zucker
250 ml Weißweinessig
250 ml Wasser
10 Pfefferkörner
1 EL Senfkörner
2 Lorbeerblätter
4 Wacholderbeeren
Öl

Nährwerte p. P.

150 kcal
6 g Kohlenhydrate
3 g Eiweiß
7 g Fett

1 Entfernen Sie den Kopf von den Heringen. Waschen und trocknen Sie den Fisch und reiben Sie ihn innen und außen mit Essig ein, salzen Sie von allen Seiten.

2 Geben Sie das Mehl auf einen Teller und wälzen Sie die Heringe darin. Überschüssiges Mehl klopfen Sie ab, sodass die Heringe nur dünn überzogen sind.

3 Erhitzen Sie etwas Öl in einer großen Pfanne und braten Sie die Heringe von beiden Seiten goldbraun. Versuchen Sie, die Haut der Heringe möglichst nicht zu beschädigen.

4 Füllen Sie nun Wasser in einen großen Kochtopf und geben Sie die Gewürze und den Essig hinein.

5 Schälen Sie die Zwiebeln und schneiden Sie sie in feine Streifen.

6 Kochen Sie die Marinade, bis sich der Zucker vollständig aufgelöst hat und lassen Sie sie wieder abkühlen.

7 Legen Sie die gebratenen, abgekühlten Heringe in eine große Schüssel, am besten aus Glas oder Steingut. Übergießen Sie die Fische mit der Marinade, legen Sie die Zwiebelstreifen obenauf und lassen Sie die Heringe für etwa vier Tage im Kühlschrank ziehen. Danach abtropfen lassen und servieren.

Tipps & Fakten: Frischen „grünen" Hering erhält man während der Fangsaison von Juni bis September, tiefgekühlt ist er das ganze Jahr über zu haben.

MATJES MIT RADIESCHENCREME

4 Port.

30 Min.

Leicht

Zutaten

600 g Kartoffeln, vorwiegend festkochend
8 Matjesfilets
1 Bund Frühlingszwiebeln
1 Bund Radieschen
250 g Schmand
150 g Naturjoghurt
2 EL Zitronensaft
Salz und weißer Pfeffer
1 Prise Zucker
2 EL gehackter frischer Dill
1 - 2 EL Butter
unbehandelte Zitronenscheiben als Garnitur

Nährwerte p. P.

656 kcal
36 g Kohlenhydrate
32 g Eiweiß
42 g Fett

1 Setzen Sie einen großen Topf Salzwasser auf und garen Sie darin die ungeschälten Kartoffeln.

2 Unterdessen waschen und putzen Sie die Radieschen und die Frühlingszwiebeln. Schneiden Sie die Radieschen in feine Halbmonde, die Frühlingszwiebeln in Röllchen.

3 Verrühren Sie den Schmand, den Joghurt und den Zitronensaft und schmecken Sie mit Salz, Pfeffer und Zucker ab.

4 Heben Sie die Radieschen, die Frühlingszwiebeln und den Dill unter.

5 Gießen Sie die Kartoffeln ab und pellen Sie sie. Servieren Sie je zwei Matjesfilets mit den Pellkartoffeln und einem großen Klecks Radieschencreme, garniert mit zwei Zitronenscheiben.

HAMBURGER PANNFISCH

2 Port.

45 Min.

Leicht

Zutaten

500 g Fischfilets (Seelachs, Rotbarsch)
5 große Kartoffeln, festkochend
50 g Speck in Streifen
1 Bund Lauchzwiebel
5 EL Mehl
4 EL Öl
1 Ei
300 ml Gemüsebrühe
150 g Sahne
3 EL Senf
2 EL gehackte Petersilie
Salz und Pfeffer aus der Mühle
1 Prise Zucker

Nährwerte p. P.

1069 kcal
65 g Kohlenhydrate
52 g Eiweiß
65 g Fett

1 Waschen und putzen Sie die Lauchzwiebeln und schneiden Sie sie samt dem Grün in feine Ringe.

2 Schälen Sie die Kartoffeln und schneiden Sie sie in feine Scheiben.

3 Erhitzen Sie zwei Esslöffel Öl in einer Pfanne und braten Sie die Kartoffelscheiben zugedeckt für zehn Minuten.

4 Nehmen Sie sodann den Deckel von der Pfanne und braten Sie die Kartoffeln knusprig goldbraun, würzen Sie kräftig mit Salz und Pfeffer.

5 Verquirlen Sie das Ei mit einem Esslöffel kaltem Wasser und würzen Sie mit Salz, Pfeffer und einer Prise Zucker. Waschen und trocknen Sie das Fischfilet und schneiden Sie es in mundgerechte Stücke.

6 Wälzen Sie die Fischstücke in Mehl und wenden Sie sie im gequirlten Ei.

7 Braten Sie den Fisch in einer zweiten Pfanne mit Öl goldbraun an, entnehmen Sie die fertigen Fischstücke und stellen Sie sie warm.

8 Braten Sie die Speckstreifen im heißen Fischbratfett knusprig, geben Sie die Lauchzwiebeln hinzu, bestäuben Sie alles mit Mehl und schwitzen Sie es kurz an. Unter Rühren mit der Brühe und der Sahne ablöschen, nochmals aufwallen lassen und bei reduzierter Hitze fünf Minuten köcheln lassen. Rühren Sie den Senf in die Soße und schmecken Sie alle mit Salz und Pfeffer herzhaft ab.

9 Geben Sie nun den Fisch in die Soße und heben Sie die Kartoffeln unter. Mit Petersilie bestreut servieren. Dazu schmeckt ein simpler Gurkensalat mit Dill.

DITHMARSCHENER SARDELLENAUFLAUF

 4 Port.
 1 Std.
 Leicht

Zutaten

500 g Drillinge (kleine Kartoffeln)
15 - 20 Sardellenfilets in Öl
200 ml Sahne
2 EL frischer gehackter Dill
Salz und Pfeffer aus der Mühle

Zusätzliches Equipment:
Stabmixer

Nährwerte p. P.

860 kcal
46 g Kohlenhydrate
66 g Eiweiß
45 g Fett

1 Heizen Sie den Backofen auf 220 °C Ober-/Unterhitze vor und buttern Sie eine Auflaufform aus.

2 Schälen Sie die Kartoffeln und schneiden Sie sie entzwei. Setzen Sie die Kartoffelhälften mit der Schnittfläche nach unten in die Auflaufform. Mixen Sie die abgetropften Sardellenfilets mit der Sahne und rühren Sie den Dill ein. Gießen Sie die Soße über die Kartoffelhälften und bestreuen Sie sie mit frisch gemahlenem Pfeffer und ggf. noch etwas Dill.

3 Backen Sie den Auflauf auf mittlerer Schiene für 35 - 40 Minuten, bis die Kartoffeln gar und die Soße schön goldgelb ist.

4 Reichen Sie dazu frischen Salat mit gemischten Kräutern der Saison.

LÜBECKER FISCHTOPF

4 Port.

30 Min.

Leicht

Zutaten

1 kg weißes Fischfilet (z. B. Seelachs)
75 g durchwachsener Speck
3 mittelgroße Zwiebeln
250 ml Gemüsebrühe
100 ml trockener Weißwein
1 Dose geschälte, gehackte Tomaten
3 Gewürzgurken
2 EL Schmand
50 g Butter
1 Lorbeerblatt
3 Pimentkörner
Saft einer Zitrone
1 TL Kapern (Konserve)
2 EL gehackte Petersilie
Salz und Pfeffer aus der Mühle

Nährwerte p. P.

559 kcal
10 g Kohlenhydrate
50 g Eiweiß
33 g Fett

1 Waschen Sie die Fischfilets, tupfen Sie sie trocken und salzen Sie sie beidseitig. Reiben Sie die Filets mit dem Zitronensaft ein. Schälen Sie die Zwiebeln und verarbeiten Sie sie zu kleinen Würfeln, ebenso den Speck. Schneiden Sie die Gewürzgurken in kleine Scheiben und das Fischfilet in mundgerechte Stücke.

2 Erhitzen Sie die Butter in einem großen Schmortopf oder einer großen Pfanne und lassen Sie darin den Speck und die Zwiebeln aus. Löschen Sie mit dem Wein ab und gießen Sie die Brühe an. Fügen Sie die Pimentkörner und das Lorbeerblatt hinzu, kochen Sie alles kurz auf und reduzieren Sie anschließend die Hitze. Geben Sie die Kapern, die Gurkenscheiben, das Fischfilet und die Tomaten mit in den Topf und lassen Sie alles für 15 Minuten gar ziehen.

3 Verfeinern Sie den Eintopf mit dem Schmand und servieren Sie ihn mit Petersilie bestreut.

LABSKAUS AUS DEM NORDEN

4 Port.

35 Min.

Mittel

Zutaten

800 g Kartoffeln, mehligkochend
800 g vakuumierte Rote Bete
8 Eier
8 Rollmöpse
400 g Gewürzgurken
200 ml Gurkensud
2 Dosen Corned Beef (ca. 350 g)
4 EL Öl
Salz und Pfeffer

Zusätzliches Equipment:
Stabmixer

Nährwerte p. P.

471 kcal
21 g Kohlenhydrate
39 g Eiweiß
24 g Fett

1 Schälen Sie die Kartoffeln und schneiden Sie sie in Viertel, garen Sie die Kartoffelstücke in Salzwasser.

2 Schneiden Sie 300 g Rote Bete in grobe Würfel, die übrigen 500 g in feine Spalten. Pürieren Sie die gestückelte Rote Bete zusammen mit den Gewürzgurken, dem Gurkensud und dem Corned Beef zu einer cremigen Soße.

3 Gießen Sie die Kartoffeln ab und zerstampfen Sie sie zu Kartoffelpüree, es dürfen gerne ein paar Stückchen darin bleiben. Heben Sie das Rote Bete-Corned-Beef-Püree unter und erwärmen Sie es bei mittlerer Hitze. Schmecken Sie mit Salz und Pfeffer ab.

4 Erhitzen Sie nun das Öl in einer Pfanne, schlagen Sie die Eier hinein und bereiten Sie daraus Spiegeleier, würzen Sie diese mit Salz und Pfeffer. Servieren Sie die Spiegeleier und die Rollmöpse zusammen mit dem Labskaus und einigen Spalten Roter Bete.

Vegetarische Hauptgerichte

SELLERIESCHNITZEL

4 Port. 35 Min. Leicht

Zutaten

1 große Knolle Sellerie
2 gestr. TL Salz
2 Eier
100 g Mehl
150 g Semmelmehl
Salz, Pfeffer und Liebstöckel

Nährwerte p. P.

281 kcal
48 g Kohlenhydrate
10 g Eiweiß
4 g Fett

1 Schälen Sie die Sellerieknolle, entfernen Sie den Strunk und schneiden Sie sie in fingerdicke Scheiben.

2 Setzen Sie einen Topf mit Wasser auf und bringen Sie es zum Kochen.

3 Geben Sie zwei gestrichene Teelöffel Salz hinein und blanchieren Sie die Selleriescheiben in dem kochenden Wasser für 2 - 3 Minuten. Sie sollten nicht zu weich werden, damit sie ihre Konsistenz behalten.

4 Holen Sie den Sellerie mit einer Schaumkelle heraus, lassen Sie ihn kurz abtropfen und würzen Sie ihn von beiden Seiten kräftig mit Salz, Pfeffer und Liebstöckel.

5 Verquirlen Sie die Eier und geben Sie das Mehl auf einen Teller, die Eier auf einen zweiten und das Semmelmehl auf einen dritten Teller. Wenden Sie die Scheiben in Mehl, dann in dem Ei und zum Schluss im Semmelmehl.

6 Erhitzen Sie reichlich Öl in einer Pfanne und backen Sie die Sellerieschnitzel von beiden Seiten knusprig goldbraun. Überschüssiges Fett auf Küchenkrepp abtropfen lassen.

7 Dazu schmeckt Kartoffelpüree mit Schnittlauch und Röstzwiebeln sowie ein grüner Salat.

VEGETARISCHE KÖNIGSBERGER KLOPSE MIT ROTE-BETE-SALAT

4 Port.

1 Std. 15 Min.

Mittel

Zutaten

Für die Klopse:
500 g altbackener Dinkeltoast
2 Zwiebeln
1 Knoblauchzehe
2 Eier
1 EL Kapern
250 ml Milch
ggf. etwas Stärke (zum Andicken)
Öl zum Anbraten
Salz und Pfeffer

Für die Kapernsoße:
1 Zwiebel
2 EL Butter
4 EL Mehl
500 ml Gemüsebrühe
3 EL Kapern
500 ml Milch
etwas Stärke
Salz und Pfeffer
etwas Ahornsirup oder Honig
Zitronensaft

Für den Salat:
2 Knollen vakuumierte Rote Bete
1 Zwiebel
2 EL Apfelbalsam
2 EL Olivenöl
Salz und Pfeffer
nach Belieben gehackte frische Petersilie

1 Schneiden Sie das Dinkelbrot in ca. 1 cm große Würfel. Schälen und hacken Sie die Zwiebeln und den Knoblauch.

2 Erhitzen Sie das Öl in einem Topf und schwitzen Sie die Zwiebel- und die Knoblauchwürfel darin an. Sie sollten keine Farbe annehmen. Dies gelingt am besten, wenn Sie etwas Salz darüberstreuen.

3 Geben Sie die Kapern und die Brotwürfel mit in den Topf. Nehmen Sie den Topf vom Herd.

4 Erhitzen Sie die Milch und geben Sie sie mit in den Topf.

5 Fügen Sie die Eier hinzu, würzen Sie mit Salz und Pfeffer und vermengen Sie alles gründlich.

6 Lassen Sie die Mischung nun ca. eine Stunde stehen. Es sollte nicht zu Brei werden, die Brotwürfel dürfen noch erkennbar sein, damit nachher noch Textur im Klops ist.

7 Befeuchten Sie Ihre Hände und formen Sie aus der Brotmasse Klopse in Größe eines Hühnereis. Bringen Sie Wasser in einem Topf zum Sieden und lassen Sie die Klopse darin gar ziehen. (Wenn Sie an die Oberfläche steigen, sollten Sie die Klopse noch ca. sieben Minuten ziehen lassen.) Sie sollten keinesfalls kochen!

Nährwerte p. P.

574 kcal
78 g Kohlenhydrate
21 g Eiweiß
19 g Fett

8 Für die Kapernsoße schälen und würfeln Sie die Zwiebel.

9 Erhitzen Sie die Butter in einem Topf und schwitzen Sie die Zwiebelwürfel darin an. Bestäuben Sie die Zwiebel mit Mehl und rösten Sie sie kurz, allerdings ohne sie zu sehr zu bräunen.

10 Löschen Sie die Mehlschwitze mit der Gemüsebrühe ab, rühren Sie die Stärke mit drei Esslöffeln der Milch glatt und gießen Sie die restliche Milch in den Topf.

11 Rühren Sie die Stärke in die Soße, lassen Sie sie nochmals kurz aufwallen und reduzieren Sie sodann die Hitze.

12 Hacken Sie die Kapern ein wenig und geben Sie diese mit in die Soße. Kochen Sie die Soße für 10 - 15 Minuten bei schwacher Hitze. Schmecken Sie mit Salz, Pfeffer, Kapernwasser, Ahornsirup und Zitronensaft ab.

13 Für den Salat schneiden Sie die Rote Bete in mundgerechte Stücke und verrühren den Apfelbalsam und das Olivenöl zusammen mit dem Salz und dem Pfeffer zu einem Dressing.

14 Schälen Sie die Zwiebel und schneiden Sie sie in feine Streifen. Geben Sie alles in eine Schüssel und mengen Sie es gut durch. Wenn Sie möchten, garnieren Sie den Salat mit etwas gehackter Petersilie.

15 Servieren Sie die Klopse mit der Kapernsoße und dem Rote-Bete-Salat am besten zu Salzkartoffeln.

PASTA MIT BRENNNESSELPESTO

4 Port.

20 Min.

Leicht

Zutaten

500 g Spaghetti
30 g frische Brennnesselblätter
1 unbehandelte Zitrone
200 ml Ayran
80 g geriebener Parmesan (vegetarisch)
3 EL frische gehackte Petersilie
2 Knoblauchzehen
40 g Walnüsse
1 Prise Zucker
etwas Öl
100 ml Gemüsebrühe
Salz und Pfeffer aus der Mühle

Zusätzliches Equipment:
Stabmixer

Nährwerte p. P.

668 kcal
90 g Kohlenhydrate
25 g Eiweiß
24 g Fett

1 Kochen Sie die Spaghetti nach Packungsanweisung. Ziehen Sie sich Küchenhandschuhe an und waschen Sie die Brennnesseln. Schütteln Sie sie trocken und zupfen Sie die Blätter von den Stielen. Genauso verfahren Sie mit der Petersilie. Waschen Sie die Zitrone und reiben Sie von der Schale Zesten ab, pressen Sie den Fruchtsaft aus.

2 Schälen Sie den Knoblauch. Geben Sie in ein hohes Gefäß die Gemüsebrühe, zwei Drittel des Parmesans, zwei Esslöffel Olivenöl, die Brennnesselblätter, die Petersilie, die Walnüsse sowie den Zitronensaft, einen Teil der Zesten, eine Prise Zucker, Salz und Pfeffer und pürieren Sie alles zu einem cremigen Pesto.

3 Schütten Sie die Spaghetti ab, fangen Sie zwei Esslöffel des Kochwassers auf und geben Sie es zum Pesto. Verrühren Sie die Spaghetti mit dem Ayran und dem Pesto und servieren Sie die Nudeln mit Parmesan und den restliche Zitronenzesten bestreut.

Tipps & Fakten: Brennnesseln schmecken ähnlich wie Spinat, sind sehr gesund und enthalten viele wertvolle Vitamine und Mineralien, unter anderem Vitamin A und C sowie Kalzium, Magnesium, Kalium und Eisen.
Zudem enthalten sie die wertvollen Fettsäuren Omega 6.

ZIEGE TRIFFT FEIGE – FLAMMKUCHEN NEU INTERPRETIERT

2 - 3 Port.

1 Std. 25 Min.

Mittel

Zutaten

Für den Teig:
150 ml lauwarmes Wasser
250 g Weizenmehl
½ TL Salz

Für die Creme:
75 g Crème fraîche
75 g Schmand
1 Prise Salz
1 Prise Pfeffer

Für den Belag:
1 rote Zwiebel
150 g Ziegenkäse (Rolle)
30 g Walnüsse
1 ½ Feigen
1 EL frischer Thymian
1 EL Honig
1 EL Balsamico

Zusätzliches Equipment:
Rührgerät / Küchenmaschine mit Knethaken

Nährwerte p. P.

1874 kcal
241 g Kohlenhydrate
64 g Eiweiß
73 g Fett

1 Verkneten Sie das Wasser, das Mehl und das Salz in einer Küchenmaschine mit Knethaken zu einem glatten Teig.

2 Befeuchten Sie Ihre Hände und formen Sie den Teig zu einer Kugel, geben Sie die Teigkugel in eine Schüssel und lassen Sie sie zugedeckt für eine Stunde ruhen.

3 Vermischen Sie in der Zwischenzeit die Crème fraîche, den Schmand, das Salz und den Pfeffer in einer Schüssel.

4 Schälen Sie die Zwiebel und schneiden Sie sie in feine Ringe und den Ziegenkäse in Scheiben.

5 Hacken Sie die Walnüsse grob, waschen Sie die Feigen und schneiden Sie die Früchte in Scheiben.

6 Zupfen Sie die Thymianblättchen ab und vermengen Sie den Honig und den Balsamico in einer zweiten Schüssel.

7 Heizen Sie den Backofen auf 260 °C Ober-/Unterhitze vor und legen Sie ein Backblech mit Backpapier aus.

8 Am Ende der Gehzeit rollen Sie den Teig auf einer bemehlten Arbeitsfläche oval aus. Er sollte gleichmäßig etwa einen halben Zentimeter dick sein.

9 Legen Sie den Teig auf das Backblech und bestreichen Sie ihn mit der Crème-fraîche-Mischung.

10 Belegen Sie den Flammkuchen mit der Zwiebel, dem Käse und den Walnüssen und backen Sie ihn auf mittlerer Schiene für 12 - 15 Minuten.

11 Anschließend entnehmen Sie den Flammkuchen, belegen ihn mit den Feigen, bestreichen oder beträufeln ihn mit der Honig-Balsamico-Mischung und streuen den Thymian darüber.

Tipps & Fakten: Die Feige stammt ursprünglich aus Kleinasien und ist die älteste kultivierte Nutzpflanze der Menschheitsgeschichte. Mittlerweile wächst sie fast im gesamten Mittelmeerraum, größtenteils weil sie dort verwildert ist.

SCHNÜSCH-GRATIN

4 Port. 45 Min. Leicht

Zutaten

400 g Kartoffeln, vorwiegend festkochend
4 Möhren
1 Kohlrabi
120 g grüne Bohnen
2 EL Butter
1 EL Mehl
300 ml Milch
150 ml Schlagsahne
100 ml Wasser
30 g Parmesan (vegetarisch)
3 EL Kerbel
3 EL Estragon
frische gehackte Petersilie nach Belieben
Salz und Pfeffer
Muskat

Nährwerte p. P.

410 kcal
29 g Kohlenhydrate
10 g Eiweiß
27 g Fett

1 Schälen Sie Kartoffeln, Möhren und Kohlrabi und schneiden Sie alles in feine Scheiben.

2 Zerlassen Sie einen Esslöffel Butter in einem Topf und stäuben Sie das Mehl hinein.

3 Lassen Sie die Mehlschwitze aufwallen und löschen Sie nach und nach mit der Milch ab.

4 Nochmals aufwallen lassen, die Hitze reduzieren und die Sahne unter Rühren aufgießen.

5 Köcheln Sie die Soße sanft auf kleiner Flamme für 15 Minuten. Rühren Sie währenddessen gelegentlich um und würzen Sie sie anschließend mit Salz, Pfeffer und Muskat.

6 Schmelzen Sie in einem weiteren Topf den zweiten Esslöffel Butter und dünsten Sie unter Zugabe von Salz die Kohlrabi und die Möhren für fünf Minuten darin an. Gießen Sie 100 ml Wasser auf, legen Sie den Deckel auf den Topf und dünsten Sie das Gemüse für weitere 15 Minuten.

7 Heizen Sie den Ofen auf 240 °C Ober-/Unterhitze vor.

8 Putzen und waschen Sie in der Zwischenzeit die Bohnen und garen Sie sie in kochendem Salzwasser für fünf Minuten. Mit der Schaumkelle herausnehmen und beiseitestellen.

9 Geben Sie die Kartoffelscheiben in das kochende Salzwasser und garen Sie auch diese für 6 - 8 Minuten. Sie sollten nicht zu weich werden, damit sie nicht zerfallen.

10 Gießen Sie die Kartoffeln ab, vermischen Sie die Bohnen, die Möhren, den Kohlrabi und die Kartoffeln in einer Auflaufform, rühren Sie die Kräuter in die Soße und gießen Sie die Soße über das Gemüse. Bestreuen Sie den Auflauf mit der Petersilie und darüber den Parmesan.

11 Backen Sie das Schnüsch-Gratin für ca. sieben Minuten auf mittlerer Schiene, bis der Käse goldbraun ist.

Tipps & Fakten: Versuchen Sie das Schnüsch-Gratin auch mit anderem Gemüse der Saison. Es schmeckt ebenso gut mit Erbsen, Spargel oder Petersilienwurzeln und Mairübchen.

ALLGÄUER KÄSSPATZEN

4 Port.

1 Std. 30 Min.

Mittel

Zutaten

400 g helles Dinkelmehl
6 Eier
300 ml Wasser
1 EL Salz
3 große Zwiebeln
400 g geriebener Bergkäse
4 EL Sonnenblumenöl
frischer Schnittlauch, in Röllchen geschnitten
Salz und Pfeffer aus der Mühle
5 l Wasser zum Kochen der Spätzle
1 EL Salz fürs Kochwasser
nach Belieben Röstzwiebeln

Zusätzliches Equipment:
Spätzlehobel

Nährwerte p. P.

912 kcal
75 g Kohlenhydrate
44 g Eiweiß
48 g Fett

1 Vermengen Sie in einer großen Schüssel das Mehl, die aufgeschlagenen Eier, einen Esslöffel Salz und 300 ml Wasser mit einem Holzlöffel zu einem zähen Teig. Wenn er schwer und „zerrig“ vom Löffel reißt, ist er genau richtig.

2 Schlagen Sie nun den Teig für ca. fünf Minuten kräftig durch, bis er eine glänzende Oberfläche bekommt. Nun den Teig für 15 Minuten ruhen lassen.

3 Bringen Sie in einem großen Topf fünf Liter Wasser zum Kochen und geben Sie einen Esslöffel Salz hinein.

4 Reiben Sie je zwei Ladungen Spätzle in das kochende Salzwasser.

5 Sobald die Spätzle oben schwimmen, sind sie fertig. Sie können sie dann mit einer Schaumkelle entnehmen und warm stellen. Wiederholen Sie diesen Vorgang, bis der komplette Spätzleteig aufgebraucht ist. Schälen Sie dic Zwiebeln und schneiden Sie sie in etwas dickere Halbmonde.

6 Erhitzen Sie das Öl in der Pfanne und lassen Sie unter Zuhilfenahme einer Prise Salz die Zwiebeln darin glasig werden.

7 Geben Sie nun die Spätzle auf die Zwiebeln, reduzieren Sie die Hitze und warten Sie einen Moment mit dem Umrühren, sodass das Zwiebelaroma durch die Spätzle ziehen kann. Die Spätzle sollen allerdings nicht bräunen.

8 Darauf geben Sie nun den Käse und frischen Pfeffer aus der Mühle.

9 Legen Sie einen Deckel auf die Pfanne und warten Sie, bis der Käse geschmolzen ist.

10 Wenden Sie nun die Spätzle einmal gut durch, sodass sich alles miteinander vermischt. Geben Sie nach Belieben Röstzwiebeln auf die Spätzle, streuen Sie den Schnittlauch darüber und bringen Sie die Kässpatzen zu Tisch.

11 Dazu passt ein frischer grüner Salat mit einem klaren Dressing und Gartenkräutern.

Vegane Hauptgerichte

FRIKADELLEN MIT KARTOFFEL-GURKENSALAT

4 Port. 1 Std. Leicht

Zutaten

800 g Kartoffeln, festkochend
2 gestr. TL Salz
2 Zwiebeln
1 Salatgurke
270 ml Wasser
200 ml Gemüsebrühe
150 g Fertigmischung für vegane Frikadellen
300 ml Öl
3 EL Essig
5 EL Senf
Saft einer Zitrone
100 ml Milchalternative
5 EL frische gehackte Petersilie
Salz und Pfeffer aus der Mühle
1 Prise Zucker bei Bedarf

Zusätzliches Equipment:
Gurkenhobel oder Vierkantreibe
Stabmixer

Nährwerte p. P.

953 kcal
60 g Kohlenhydrate
23 g Eiweiß
69 g Fett

1 Bringen Sie in einem großen Topf vier Liter Wasser zum Kochen, geben Sie zwei gestrichene Teelöffel Salz hinein und garen Sie die ungeschälten Kartoffeln für 20 - 25 Minuten darin. Schälen und würfeln Sie die Zwiebeln, waschen Sie die Gurke und entfernen Sie die Enden. Hobeln Sie die Gurke in feine Scheiben und salzen Sie sie leicht.

2 Vermengen Sie in einer Schüssel die Frikadellenfertigmischung, die Hälfte der Zwiebelwürfel, drei Esslöffel Öl, zwei Esslöffel Petersilie und 270 ml kaltes Wasser zu einer breiigen Masse.

3 Würzen Sie mit Salz und Pfeffer und stellen Sie die Masse für 30 Minuten im Kühlschrank kalt, sodass sie quellen kann.

4 In der Zwischenzeit gießen Sie die Kartoffeln ab, pellen sie und schneiden sie in feine Scheiben.

5 Erhitzen Sie in einem Topf die Gemüsebrühe und garen Sie darin die restlichen Zwiebelwürfel für etwa drei Minuten.

6 Rühren Sie drei Esslöffel Öl, zwei Esslöffel Senf und drei Esslöffel Essig in die lauwarme Brühe.

7 Geben Sie die Brühe direkt über die Kartoffeln und mengen Sie alles gründlich durch. Den Salat für 20 Minuten ziehen lassen.

8 Füllen Sie die Milchalternative in ein hohes Gefäß, geben Sie den Zitronensaft und einen Esslöffel Senf hinzu und pürieren Sie alles zu einer glatten Masse.

9 Lassen Sie unter ständigem Weitermixen 200 ml Öl einlaufen, bis die Masse cremig ist.

10 Würzen Sie die vegane Mayo mit Salz und Pfeffer, nach Bedarf mit einer Prise Zucker.

11 Vermengen Sie nun die Gurken mit den Kartoffeln und der restlichen Petersilie und heben Sie die vegane Mayo unter den Salat.

12 Formen Sie nun aus der Frikadellenmasse acht Frikadellen und braten Sie sie in einer Pfanne mit heißem Öl von beiden Seiten gar.

13 Servieren Sie die Frikadellen mit Senf und Gurkensalat, für die Kleinen auch mit einem Klecks Ketchup.

KOHL-REIS-ROULADEN MIT FRUCHTIGER TOMATENSOßE

4 Port.

2 Std.

Mittel

Zutaten

Für die Rouladen:
4 große Weißkohlblätter
65 g gekochter Reis (Sorte nach Wahl)
250 g veganes fertiges Hack aus dem Kühlregal (z. B. Rügenwalder Mühle, Aldi oder Veganz)
2 EL Röstzwiebeln
1 Msp. Knoblauchgranulat
Salz und Pfeffer
vegane Margarine in Flöckchen
ggf. Rouladennadeln oder Küchengarn

Für die Soße:
1 kleine Zwiebel
1 Knoblauchzehe
Öl zum Braten
250 ml passierte Tomaten
1 Prise Zucker
Pfeffer und Salz

Nährwerte p. P.

307 kcal
20 g Kohlenhydrate
13 g Eiweiß
19 g Fett

1 Heizen Sie den Backofen auf 180 °C Umluft vor und fetten Sie eine Auflaufform ein.

2 Nehmen Sie die äußersten Blätter des Kohls ab und entsorgen Sie sie.

3 Trennen Sie mit einem scharfen Messer vier Kohlblätter direkt vom Strunk ab.

4 Waschen Sie die Kohlblätter und blanchieren Sie sie für eine Minute in heißem Salzwasser, direkt nach dem Herausnehmen mit kaltem Wasser abschrecken.

5 Braten Sie das vegane Hack nach Packungsanweisung an.

6 Vermengen Sie das Hack mit dem Reis, den Röstzwiebeln, dem Knoblauchgranulat, Öl, Salz und Pfeffer und geben Sie je zwei gehäufte Esslöffel in die Mitte jedes Kohlblattes.

7 Schlagen Sie die Kohlblätter von links und von rechts zu und rollen Sie die Kohlroulade nach oben auf. Legen Sie die Roulade mit der „Naht" nach unten in die Auflaufform, sodass das Päckchen nicht aufgehen kann. Sollten Sie Schwierigkeiten haben, behelfen Sie sich mit Küchengarn oder Rouladennadeln. Gießen Sie eine Kelle Garwasser in die Auflaufform.

8 Streuen Sie die Margarineflöckchen über die Kohlrouladen und garen Sie die Krautwickel für 60 Minuten im Backofen.

9 Unterdessen schälen Sie die Zwiebel und den Knoblauch und hacken beides fein.

10 Erhitzen Sie Öl in einer Pfanne und braten Sie beides darin glasig. Dies gelingt am besten, wenn Sie eine Prise Salz hinzugeben.

11 Gießen Sie die passierten Tomaten in die Pfanne, würzen Sie mit Salz, Pfeffer und einer Prise Zucker und köcheln Sie die Tomatensoße für ca. fünf Minuten.

12 Servieren Sie die Kohlrouladen mit der Tomatensoße und reichen Sie dazu Salzkartoffeln.

Tipps & Fakten: Sie können die Kohlrouladen auch mit Spitzkohl oder Wirsing umwickeln. Wenn Ihnen dunkle Soßen lieber sind, schmecken die Kohlrouladen auch mit einer Pilzsoße oder veganen Bratensoße. Reichen Sie dann Knödel dazu.

ZWIEBELKUCHEN, SCHNELL GEMACHT

1 Kuchen

1 Std. 20 Min.

Leicht

Zutaten

1 fertiger Hefeteig aus dem Kühlregal
700 g Zwiebeln
3 rote Zwiebeln
175 g Räuchertofu
neutrales Öl zum Braten
200 ml vegane Sahne
125 g vegane Crème fraîche
100 g veganer Reibekäse
½ TL Salz
½ TL Pfeffer
2 EL frische gehackte Petersilie
etwas Olivenöl

Nährwerte p. P.

295 kcal
36 g Kohlenhydrate
8 g Eiweiß
13 g Fett

1 Heizen Sie den Backofen auf 180 °C Ober-/Unterhitze vor und fetten Sie eine Springform mit 26 cm Durchmesser ein.

2 Schälen Sie die Zwiebeln und schneiden Sie sie in Ringe. Erhitzen Sie etwas Öl in einer großen Pfanne und braten Sie die Zwiebeln darin glasig, würzen Sie mit Salz und Pfeffer.

3 Schneiden Sie den Räuchertofu in kleine Würfel und braten Sie ihn in einer weiteren Pfanne mit Öl knusprig kross an. Geben Sie die Tofuwürfel zu den Zwiebeln, schalten Sie den Herd ab und fügen Sie die vegane Sahne und die vegane Crème fraîche hinzu. Mischen Sie alles gut durch und schmecken Sie mit Salz und Pfeffer ab.

4 Nehmen Sie nun den fertigen Hefeteig aus der Verpackung und kleiden Sie damit die Springform ringsherum aus, sodass nach oben hin ein 4 cm breiter Rand frei bleibt. Verteilen Sie die Zwiebelfüllung auf dem Hefeteig.

5 Backen Sie den Zwiebelkuchen auf mittlerer Schiene für ca. 40 Minuten im Ofen.

6 Bepinseln Sie fünf Minuten vor Ende der Backzeit die Ränder des Zwiebelkuchens mit Olivenöl, sodass sie schön goldbraun werden.

7 Geben Sie dem Zwiebelkuchen nach dem Backen etwas Zeit zum Abkühlen, damit die Füllung sich setzen kann.

8 Schneiden Sie den Kuchen in Stücke, streuen Sie den Käse und Petersilie darüber und bringen Sie ihn zu Tisch.

ZWEIERLEI ENDIVIENSALAT MIT KARTOFFELN

 4 Port.  55 Min.  Leicht

Zutaten

1 großer Kopf Endiviensalat
1,2 kg Kartoffeln (vorwiegend festkochend oder mehligkochend)

Für das sahnige Dressing:
250 ml vegane Sahne
1 EL veganer Frischkäse
2 EL Zucker
2 EL Kräuteressig
1 Spritzer Zitronensaft
2 EL gehackte Petersilie (frisch oder TK)
Salz und Pfeffer aus der Mühle

Für das klare Dressing:
1 Zwiebel
100 g Räuchertofu
1 Prisc dänisches Rauchsalz
1 TL vegane Butter zum Anbraten, alternativ Albaöl
2 EL neutrales Pflanzenöl
2 EL Kräuteressig
1 EL Zucker
Salz und Pfeffer aus der Mühle

1 Schälen Sie zunächst die Kartoffeln und schneiden Sie sie in etwas größere Stücke, sodass etwa alle gleich groß sind.

2 In einem Topf Salzwasser für 30 Minuten kochen, nach Bedarf mit dem Küchenmesser prüfen, wie weit der Garprozess schon fortgeschritten ist. Gleitet das Messer mit wenig Widerstand in die Kartoffel, sind sie fertig.

3 Während die Kartoffeln kochen, entfernen Sie den Strunk des Endiviensalats und teilen diesen der Länge nach in vier gleich große Teile, dann lässt er sich besser in dünne Streifen schneiden. Beginnen Sie von der schmalen Seite her.

4 Waschen und schleudern Sie den Salat und geben Sie ihn jeweils hälftig in zwei Schüsseln.

5 Rühren Sie nun das sahnige Dressing an. Dazu einfach alle Zutaten zusammen in eine Schüssel geben und ordentlich mit dem Schneebesen glattrühren. Schmecken Sie nach Ihrem Belieben mit Salz und Pfeffer ab.

Nährwerte p. P.

641 kcal
65 g Kohlenhydrate
17 g Eiweiß
30 g Fett

6 Für das klare Dressing schälen Sie die Zwiebel (vorzugsweise eine weiße), halbieren diese und schneiden sie in feine Streifen. Den Tofu in sehr kleine Würfel schneiden. Erhitzen Sie nun die Butter in der Pfanne und braten Sie die Tofuwürfel darin, bis sie kross und braun sind. Würzen Sie die Würfel mit etwas Rauchsalz. (Vorsichtig dosieren, es entfaltet sein Aroma erst nach und nach!)

7 Geben Sie die Zwiebel und eine Prise Salz hinzu, drehen Sie die Hitze etwas herab und schwenken Sie das Ganze kurz durch, bis die Zwiebeln leicht glasig sind.

8 Unterdessen verrühren Sie mit einem Schneebesen Essig, Öl und Zucker zu einer homogenen Soße. Heben Sie die Zwiebeln und den Tofu samt Bratsaft unter. Schmecken Sie mit Salz und Pfeffer ab.

9 Geben Sie je ein Dressing in eine vorbereitete Salatschüssel und vermengen Sie Salat und Soße.

10 Servieren Sie die Kartoffeln und den Salat. Üblicherweise wird der Salat direkt auf die warmen Kartoffeln gegeben und leicht vermischt. Das Salatdressing dient somit auch als Soße für die Kartoffeln.

Tipp: Das Gericht lässt sich anstatt mit Salzkartoffeln auch mit Kartoffelbrei genießen. Und wenn es den Mitessenden alles zu fleischlos ist, kann man ganz althergebracht zwei Scheiben Blutwurst dazu braten.

BÖHMISCHE KNÖDEL MIT SZEGEDINER GULASCH

4 Port.

2 Std.

Schwer

Zutaten

Für die Böhmischen Knödel:
5 EL Sonnenblumenöl
500 g Weizenmehl
½ TL Zucker
250 ml pflanzliche Milch
1 Prise Salz
1 Würfel (42 g) frische Hefe

Für das Szegediner Gulasch:
2 EL edelsüßes Paprikapulver
400 g Sauerkraut
2 EL Senf
2 Lorbeerblätter
1 TL Kümmel
3 Zwiebeln
2 EL vegane Butter
Paprikapulver, rosenscharf
2 EL Tomatenmark
500 g Seitan (aus der Dose)
200 g Räuchertofu
Muskat
2 Knoblauchzehen
2 EL Weizenmehl
500 ml Gemüsebrühe
250 ml veganer Rotwein
Zucker
Salz und Pfeffer
1 TL getrockneten Majoran

Außerdem:
frische gehackte Petersilie
vegane Crème fraîche

1 Erwärmen Sie die Milch, bröseln Sie die Hefe hinein und rühren Sie den Zucker unter. Für zehn Minuten stehen lassen, bis sich kleine Bläschen bilden. Fügen Sie Salz, Mehl und Öl hinzu und verarbeiten Sie die Zutaten zu einem geschmeidigen Teig. Decken Sie die Schüssel ab und lassen Sie den Teig für 30 Minuten an einem warmen Ort gehen.

2 In der Zwischenzeit vermischen Sie das Sauerkraut mit dem Paprikapulver, dem Majoran, dem Kümmel und den Lorbeerblättern. Stellen Sie das marinierte Kraut bis zur Weiterverwendung kühl.

3 Schneiden Sie den Tofu in kleine Würfel, gießen Sie den Seitan ab, schälen Sie die Zwiebeln und den Knoblauch. Hacken Sie den Knoblauch und schneiden Sie die Zwiebeln in halbe Ringe.

4 Erhitzen Sie die Butter in einem großen Topf und dünsten Sie darin die Zwiebelringe und den Knoblauch glasig an, fügen Sie den Seitan, den Räuchertofu, das Tomatenmark und den Senf hinzu und braten Sie alles für ca. acht Minuten.

5 Bestäuben Sie das Bratgut mit Mehl und rösten Sie es kurz an.

6 Löschen Sie unter Rühren mit dem Rotwein ab und gießen Sie die Gemüsebrühe auf.

Nährwerte p. P.

996 kcal
105 g Kohlenhydrate
44 g Eiweiß
37 g Fett

7 Geben Sie das marinierte Sauerkraut mit in den Topf und schmoren Sie das Gulasch abgedeckt für ca. eine Stunde auf kleiner Hitze.

8 Nehmen Sie den Hefeteig aus der Schüssel, dritteln Sie ihn und verkneten Sie jedes Teil zu länglichen Ovalen. Für das Rundwirken sollten Sie sich pro Teigling etwa zehn Minuten Zeit nehmen. Es ist wichtig, dass der Teig eine glatte, glänzende Oberfläche aufweist und möglichst keine Naht mehr hat. Die Teiglinge müssen erneut 30 Minuten ruhen.

9 Bringen Sie Salzwasser in einem großen Topf zum Sieden, legen Sie nacheinander die Teiglinge hinein und lassen Sie jeden Teigling 20 Minuten bei geschlossenem Deckel darin ziehen.

10 Nach der Hälfte der Zeit sollten Sie den Teigling einmal wenden.

11 Nehmen Sie die gegarten Teiglinge heraus, stechen Sie jeden pro Seite ca. fünfmal mit einer Gabel ein und schneiden Sie jeden Teigling in gleich dicke Scheiben. Anschließend warm stellen.

12 Schmecken Sie das Gulasch mit dem rosenscharfen Paprika, Muskat, Zucker, Salz und Pfeffer ab. Richten Sie die Böhmischen Knödel mit dem Szegediner Gulasch an und garnieren Sie die Knödel mit der Petersilie und das Gulasch mit einem Klecks veganer Crème fraîche.

„PARMESANSCHNITZEL" MIT STAMPF

4 Port.

1 Std.

Schwer

Zutaten

Für den Tofu:
500 g Naturtofu
1 TL Salz
50 g Panko Paniermehl
Pflanzenöl zum Anbraten
100 g Mehl
2 TL Knoblauchpulver
2 TL Zwiebelpulver
50 g Senf
100 ml pflanzliche Milch
110 g veganer Parmesan aus Nüssen
1 TL edelsüßes Paprikapulver

Für das Kartoffel-Karotten-Püree:
250 g Karotten
Muskat
650 g Kartoffeln, mehligkochend
50 ml pflanzliche Milch
1 TL Senf
2 EL vegane Butter
Salz und Pfeffer

Für die Soße:
3 Karotten
2 EL vegane Butter zum Anbraten
3 Knoblauchzehen
2 TL Senf
2 EL Tomatenmark
2 EL Preiselbeermarmelade
250 ml vegane Kochsahne
350 ml Gemüsebrühe
2 große Zwiebeln
100 ml veganer Rotwein
2 TL Agavendicksaft
10 g frischer Thymian, gehackt
2 Lorbeerblätter
1 EL Wacholderbeeren
1 TL Zimt

Außerdem:
500 g veganer Apfel-Rotkohl (Glas)
10 g frischer Thymian

1 Bereiten Sie zuerst die Soße zu, sie lässt sich am besten warmhalten.

2 Dafür schälen Sie zunächst die Zwiebeln, den Knoblauch und die Möhren und schneiden alles klein.

3 Erhitzen Sie in einer großen Pfanne die vegane Butter und schwitzen Sie das Gemüse für fünf Minuten darin an.

4 Rühren Sie den Senf und das Tomatenmark ein, erhöhen Sie die Hitze und rösten Sie das Bratgut für zwei Minuten.

5 Löschen Sie mit dem veganen Rotwein ab und gießen Sie unter Rühren die Kochsahne und die Gemüsebrühe auf, kurz köcheln lassen.

6 Rühren Sie nun den Agavendicksaft und die Preiselbeermarmelade ein. Geben Sie den Thymian, die Wacholderbeeren, den Zimt und die Lorbeerblätter in die Soße und köcheln Sie die Soße auf kleinster Stufe, rühren Sie gelegentlich um.

7 Schälen Sie die Kartoffeln und die Möhren für den Stampf, schneiden Sie beides in grobe Stücke. Geben Sie das Gemüse in einen Topf, bedecken Sie es mit kaltem Wasser, fügen Sie Salz hinzu und kochen Sie die Kartoffeln und die Möhren, bis sie weich sind (ca. 20 Minuten).

Nährwerte p. P.

737 kcal
67 g Kohlenhydrate
28 g Eiweiß
35 g Fett

8 Trockenen Sie den Tofu ab und schneiden Sie ihn in Dreiecke, reiben Sie jedes von beiden Seiten mit dem Senf ein.

9 Richten Sie eine Panierstraße auf drei Tellern her: In den ersten Teller geben Sie das Mehl mit dem Salz, dem Knoblauch- und dem Zwiebelpulver sowie dem edelsüßen Paprika. In den zweiten Teller gießen Sie die pflanzliche Milch und in dem dritten Teller mischen Sie den Nussparmesan mit dem Pankomehl.

10 Wälzen Sie die Tofustücke nacheinander zuerst im gewürzten Mehl, dann in der Milch und zuletzt in der Pankomischung. Anschließend beiseitestellen.

11 Gießen Sie die Möhren und die Kartoffeln ab, geben Sie die Butter, die Milch und den Senf in den Topf und zermusen Sie das Gemüse zu einem stückigen Püree. Mit Salz, Pfeffer und Muskat abschmecken. Ist das Püree zu trocken, rühren Sie einfach noch etwas von der Milch unter.

12 Erwärmen Sie den Rotkohl in einem Topf auf kleiner Stufe, sodass er nicht anbrennt.

13 Erhitzen Sie das Öl in einer Pfanne und braten Sie darin die Tofuecken von beiden Seiten schön kross. Legen Sie sie zum Abtropfen auf Küchenkrepp.

14 Fischen Sie die Lorbeerblätter und die Wacholderbeeren aus der Soße und richten Sie die Tofuecken zusammen mit dem Kartoffel-Möhren-Stampf, dem Rotkohl und der Soße auf einem Teller an und bestreuen Sie alles mit ein wenig frischem Thymian.

Snacks & Fingerfood

DINKELSTANGEN MIT MOHN UND SESAM

10 Stangen | 55 Min. | Leicht

Zutaten

300 g helles Dinkelmehl Type 630
100 g Emmer Vollkornmehl
1 Päckchen Backpulver

Außerdem:
250 g Quark (20 % Fett)
1 gestrichener TL Puderzucker
1 TL Salz
5 EL Pflanzenöl
8 EL kalte Milch

Zum Bestreichen und Bestreuen:
1 verquirltes Eigelb
1 EL hellen Sesam
1 EL Mohn

Nährwerte p. P.

211 kcal
12 g Kohlenhydrate
4 g Eiweiß
7 g Fett

1 Heizen Sie den Backofen auf 175 °C Ober-/Unterhitze vor und legen Sie ein Backblech mit Backpapier aus.

2 Vermengen Sie zuerst die Mehle mit dem Backpulver in einer Schüssel, verrühren Sie in einer zweiten Schüssel den Quark, den Puderzucker, das Salz, das Öl und die kalte Milch. Verkneten Sie mit einem Rührgerät mit Knethaken die Mehlmischung mit der Quarkmischung.

3 Halbieren Sie den Teig und rollen Sie ihn auf einer bemehlten Arbeitsfläche ca. 0,5 cm dick aus.

4 Schneiden Sie 14 cm lange und 11 cm breite Streifen aus dem Teig heraus.

5 Rollen Sie die Teigstreifen über die lange Seite auf und drücken Sie die Enden etwas zusammen. Wenn Sie möchten, können Sie die Teigrolle in sich verdrehen, dies ergibt eine schönere Optik. Verfahren Sie so, bis der komplette Teig aufgebraucht ist.

6 Legen Sie die Dinkelstangen auf das Backblech, verquirlen Sie das Eigelb mit etwas Wasser und bestreichen Sie die Stangen damit. Streuen Sie abwechselnd Mohn und Sesam über das Gebäck und backen Sie die Dinkelstangen für 40 Minuten auf mittlerer Schiene. Auf einem Gitter auskühlen lassen.

7 Reichen Sie die Dinkelstangen zu Käse und Wein oder zu Gemüsesticks mit Dip.

Tipps & Fakten: Wenn Sie möchten, können Sie die Dinkelstangen auch einfrieren. Backen Sie sie bei Bedarf frisch auf.

FLINKES VERSTECKTES SAITENWÜRSTEL

4 Port.

50 Min.

Leicht

Zutaten

8 Laugenbrezeln, tiefgefroren
8 Wiener Würstchen
grobes Salz zum Bestreuen

Nährwerte p. P.

423 kcal
44 g Kohlenhydrate
16 g Eiweiß
20 g Fett

1 Legen Sie ein Backblech mit Backpapier aus und lassen Sie die tiefgekühlten Laugenbrezeln darauf auftauen. Heizen Sie den Backofen auf 180 °C Ober-/Unterhitze vor.

2 Wenn die Brezelteiglinge weich sind, nehmen Sie sie vorsichtig auseinander, sodass sie einen langen Teigstrang haben.

3 Wickeln Sie die „Teigschlange“ von unten her um das Wiener Würstchen, sodass beide Enden bedeckt sind und der Teig sich um das Würstchen windet. Verfahren Sie mit den restlichen Zutaten ebenso.

4 Legen Sie die umwickelten Würstchen auf das Backblech und geben Sie die Würstchen für zunächst sechs Minuten auf mittlerer Schiene in den Backofen.

5 Dann das grobe Salz darüberstreuen und nochmals 4 - 6 Minuten je nach gewünschtem Bräunungsgrad backen.

6 Richten Sie die „Versteckten“ neben einigen hellen und dunklen Weintrauben an.

GEFÜLLTE KALTE TOMATEN

6 Port.

10 Min.

Leicht

Zutaten

6 Roma-Tomaten
150 g Käsewürfel
150 g Schinkenwürfel
150 g Frischkäse
3 EL Schnittlauchröllchen
5 TL Mayonnaise
Salz und Pfeffer

Nährwerte p. P.

262 kcal
6 g Kohlenhydrate
13 g Eiweiß
21 g Fett

1 Schneiden Sie die Kappe der Tomaten ab und holen Sie vorsichtig mit einem Löffel das Fruchtfleisch heraus.

2 Vermischen Sie die Käse- und die Schinkenwürfel mit dem Frischkäse, der Mayonnaise und dem Schnittlauch und schmecken Sie mit Salz und Pfeffer ab.

3 Füllen Sie die Frischkäsemasse in die Tomaten und setzen Sie den Deckel wieder darauf.

Tipp: Die Tomaten können bis zu vier Stunden vorher zubereitet werden. Im Kühlschrank halten sie sich in einer Schüssel mit Deckel ca. zwei Tage.

PIKANT GEFÜLLTE EIER

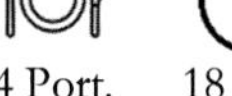

4 Port. 18 Min. Leicht

Zutaten

8 Eier
100 g gekochter Schinken
1 Bund Schnittlauch
100 g Ketchup
100 g Mayonnaise
200 g Gewürzgurken
2 TL Senf
2 EL gehackter Dill
Salz
Cayennepfeffer
Chiliflocken aus der Mühle

Nährwerte p. P.

544 kcal
13 g Kohlenhydrate
32 g Eiweiß
41 g Fett

1 Kochen Sie die Eier wachsweich. Schneiden Sie den Schnittlauch in feine Röllchen und den Schinken in feinste Würfelchen.

2 Die Gewürzgurken fein hacken.

3 Schrecken Sie die Eier ab, schneiden Sie sie der Länge nach auf und entnehmen Sie das Eigelb. Zerdrücken Sie das Eigelb mit einer Gabel und vermischen Sie es mit allen anderen Zutaten.

4 Schmecken Sie mit Salz, Pfeffer und Chili ab und füllen Sie die Mulde im Ei auf. Setzen Sie die Eihälften auf eine Platte und bestreuen Sie sie mit etwas Dill.

HERZHAFTE MUFFINS

12 Stück | 30 Min. | Leicht

Zutaten

150 g würziger Reibekäse
100 g Schinken
2 Eier
2 Cocktailtomaten
4 Frühlingszwiebeln
250 ml Milch
300 g Mehl
80 ml Sonnenblumenöl
1 EL Apfelessig
2 gestr. TL Backpulver
1 gestr. TL Natron
Paprikapulver edelsüß
Salz und Pfeffer

Zusätzliches Equipment:
12er Muffinblech und/oder Papierförmchen

Nährwerte p. P.

240 kcal
21 g Kohlenhydrate
10 g Eiweiß
13 g Fett

1 Heizen Sie den Backofen auf 180 °C Ober-/Unterhitze vor und setzen Sie die Papierförmchen in die Vertiefungen des Muffinblechs. Alternativ setzen Sie die Papierförmchen einfach auf ein Backblech. Hier empfiehlt es sich dann, gleich zwei Förmchen zu verwenden, ein einzelnes wird oftmals zu instabil und der Muffin kippt um oder läuft in die Breite.

2 Verquirlen Sie in einer Rührschüssel die Eier mit dem Öl, der Milch, dem Essig, etwas Salz und dem Paprikapulver.

3 Mischen Sie in einer zweiten Schüssel das Mehl, das Natron und das Backpulver mit einer Prise Salz.

4 Rühren Sie mit einem Handrührgerät die Mehlmischung schrittweise in die Eiermischung ein und bereiten Sie so einen glatten Teig zu. Waschen, putzen und würfeln Sie das Gemüse, schneiden Sie den Schinken in kleine Streifen.

5 Nehmen Sie zwei Esslöffel von dem Reibekäse ab und stellen Sie ihn beiseite.

6 Heben Sie das Gemüse, den Käse und den Schinken unter den Teig und füllen Sie je zwei Esslöffel des Teiges in je ein Muffinförmchen.

7 Bestreuen Sie die Muffins mit dem zurückbehaltenen Käse und backen Sie sie auf mittlerer Schiene für ca. 25 Minuten (ggf. Stäbchenprobe durchführen).

8 Nach Ablauf der Backzeit aus dem Ofen holen und lauwarm servieren. Die Muffins können in einem verschlossenen Gefäß wenige Tage kühl gelagert werden.

KÄSE-WINDBEUTEL

 24 Stück

 30 Min.

 Mittel

Zutaten

¼ l Wasser
60 g Butter
1 Prise Salz
200 g Mehl, gesiebt
4 kl. Eier
125 g Magerquark
125 g Frischkäse (Doppelrahmstufe)
¼ TL Paprikapulver edelsüß
1 Prise Selleriesalz
½ Tasse Portwein
4 EL Milch

Zum Garnieren:
kandierte Kirschen, halbiert
grüne Oliven ohne Stein
Cornichons in feinen Scheiben
ganze Walnusskerne

Nährwerte p. P.

624 kcal
8 g Kohlenhydrate
22 g Eiweiß
24 g Fett

1 Heizen Sie den Backofen auf 230 °C Ober-/Unterhitze vor und legen Sie ein Backblech mit Backpapier aus.

2 Bringen Sie in einem großen Topf das Wasser, die Butter und eine Prise Salz zum Kochen, schütten Sie das Mehl auf einmal hinein und rühren Sie so lange, bis sich der Teigkloß vom Topfboden gelöst hat.

3 Geben Sie den Teig in eine Schüssel, warten Sie einen Augenblick, bis er abgekühlt ist und rühren Sie die aufgeschlagenen Eier einzeln darunter.

4 Füllen Sie den Teig in einen Spritzbeutel mit Sterntülle und setzen Sie 24 kirschgroße Teigtupfen auf das Backblech.

5 Backen Sie die Windbeutel 20 Minuten auf mittlerer Schiene, bis sie eine schöne goldene Farbe angenommen haben.

6 Unterdessen bereiten Sie aus dem Frischkäse, dem Quark, der Milch, dem Portwein und den Gewürzen die Käsecreme.

7 Schneiden Sie die Windbeutel, so lange sie noch warm sind, quer durch, füllen Sie die Käsecreme in einen Spritzbeutel mit Sterntülle und geben Sie je einen Klecks auf die untere Hälfte des Windbeutels.

8 Legen Sie den Deckel auf und setzen Sie eine Cremerosette auf den Deckel.

9 Verzieren Sie die Cremerosetten nach Wunsch mit den kandierten Kirschen, den Cornichons, den Oliven und den Walnüssen.

Süßspeisen & Desserts

HOLLERKÜCHLE

4 Port.

30 Min.

Mittel

Zutaten

20 Stk. voll aufgeblühte Holunderblütendolden mit Stiel (wichtig!)
400 g Weizenmehl
6 Eier
500 ml Dunkelbier (alternativ Milch)
2 Prisen Salz
Rapsöl zum Ausbacken

Nährwerte p. P.

624 kcal
8 g Kohlenhydrate
22 g Eiweiß
24 g Fett

1 Waschen Sie die Blüten, entfernen Sie etwaige braune Stellen und schütteln Sie die Dolden gründlich trocken.

2 Verrühren Sie das Mehl, die Eier und das Salz zu einem glatten Teig, rühren Sie nach und nach das Bier (bzw. die Milch) ein. Den Teig zehn Minuten ruhen lassen.

3 Erhitzen Sie das Öl in einer Pfanne mit hohem Rand oder einem großen Topf, bereiten Sie in der Zwischenzeit einen Teller mit Küchenkrepp vor.

4 Fassen Sie nun die Holunderblütendolden am Stiel und ziehen Sie diese einmal durch den Teig, bis alles gleichmäßig bedeckt ist. Den Teig leicht abtropfen lassen und die Blütendolde unverzüglich in das heiße Fett tauchen.

5 Wenn der Teig goldbraun ist, ist das Hollerküchle fertig.

6 Nun legen Sie das fertige Küchle auf das Küchenkrepp, damit das Bratfett etwas ablaufen kann.

7 Wenn Sie möchten, können Sie die Hollerküchle mit Zucker und Zimt oder Puderzucker bestreuen. Hollerküchle serviert man warm.

Tipps & Fakten: Auch die Holunderbeere ist ausgesprochen gesund und schmackhaft. Zu Saft, Sirup oder Marmelade eingekocht, ist sie noch heute ein lang haltbarer Vitamin- und Mineralienlieferant während der kalten, kargen Tage.

GRIEẞAUFLAUF MIT APRIKOSEN

4 Port.

1 Std.

Leicht

Zutaten

500 g Aprikosen in Hälften (Konserve)
60 g Hartweizengrieß
2 Eier (Größe M)
2 EL Zucker
500 ml Milch
30 g Zucker
2 Päckchen Vanillezucker
2 Prisen Salz
2 EL Mandelblättchen
Puderzucker zum Bestäuben
Minzblättchen zum Dekorieren

Nährwerte p. P.

330 kcal
45 g Kohlenhydrate
12 g Eiweiß
11 g Fett

1 Trennen Sie die Eier und lassen Sie die Aprikosen abtropfen. Schlagen Sie das Eiweiß mit einer Prise Salz und zwei El Zucker zu festem Eischnee.

2 Heizen Sie den Backofen auf 200 °C Ober-/Unterhitze vor.

3 Kochen Sie nun die Milch mit einer Prise Salz auf und geben Sie unter Rühren den Grieß, den restlichen Zucker und den Vanillezucker hinein.

4 Reduzieren Sie die Hitze und lassen Sie den Brei weitere fünf Minuten unter Rühren aufquellen. Wenn er die gewünschte Konsistenz hat, nehmen Sie den Topf vom Herd.

5 Quirlen Sie nun das Eigelb unter den Grießbrei.

6 Legen Sie die Aprikosenhälften bis auf zwei Stück in die Auflaufform.

7 Die beiden übrigen Aprikosen schneiden Sie in Scheiben und stellen sie beiseite.

8 Nun den Eischnee nach und nach unter den Brei heben. Nun den Grießbrei über die Aprikosen geben, mit den Aprikosenscheiben belegen und mit den Mandelblättchen bestreuen.

9 Geben Sie den Auflauf für 30 - 40 Minuten in den Backofen.

10 Servieren Sie den Auflauf noch ofenwarm mit Puderzucker bestäubt und ein paar Blättchen frischer Minze dekoriert.

Tipps & Fakten: Nach Wunsch servieren Sie den Grießauflauf mit etwas Vanille- oder Kirschsoße. Wer besonders gerne Süßes mag, kann auch Schokosoße dazu probieren.

BRATAPFEL KLASSISCH

 4 Port.

 55 Min.

 Leicht

Zutaten

4 große Äpfel
2 EL Zitronensaft
50 g Rosinen
2 EL Rum
150 ml Orangensaft
80 g Marzipan
¾ TL Lebkuchengewürz (alternativ Zimt)
1 EL gehackte Mandeln
20 g Butter, in Flöckchen

Nährwerte p. P.

286 kcal
42 g Kohlenhydrate
4 g Eiweiß
10 g Fett

1 Heizen Sie den Backofen auf 200 °C Ober-/Unterhitze vor und fetten Sie eine feuerfeste Auflaufform mit Deckel ein.

2 Weichen Sie die Rosinen in dem Rum ein. Waschen Sie die Äpfel und schneiden Sie den Deckel ab. Entkernen Sie die Äpfel mit Hilfe eines Apfelentkerners (gerne etwas großzügiger entkernen, umso mehr Platz ist für die Füllung). Falls Sie keinen Apfelentkerner zur Hand haben, können Sie auch mit einem kleinen Küchenmesser vorarbeiten und mit einem Teelöffel ausschaben. Achten Sie darauf, den Boden nicht zu durchbrechen. Träufeln Sie einen Esslöffel Zitronensaft über die Äpfel.

3 Geben Sie den Orangensaft zusammen mit einem Esslöffel Zitronensaft in einen Topf und kochen Sie den Saft kurz auf, dann beiseitestellen. Die Rosinen abgießen. Zerteilen Sie das Marzipan und nehmen Sie vier gleich große Stücke davon ab, wovon Sie je ein Stück in einen Apfeltunnel drücken. Vermischen Sie die abgetropften Rosinen mit dem Lebkuchengewürz oder Zimt und dem restlichen Marzipan, fügen Sie ganz nach Ihren Wünschen gehackte Mandeln hinzu und drücken Sie die Masse zu gleichen Teilen in die Äpfel.

4 Setzen Sie die Bratäpfel in eine Auflaufform, übergießen Sie sie mit dem Saft und streuen Sie die Butterflöckchen darüber, sodass nichts anbrennen kann. Backen Sie die Äpfel für zunächst 25 Minuten ohne Deckel, danach nochmals zehn Minuten mit Deckel. Wenn die Apfelschale glänzend und leicht schrumpelig ist, sind die Bratäpfel fertig.

5 Servieren Sie die noch heiße Leckerei mit Vanillesoße.

KARTÄUSER KLÖẞE MIT WEINSCHAUMSOẞE

4 Port.

20 Min.

Mittel

Zutaten

Für die Klöße:
4 altbackene Weizenbrötchen
250 ml Milch
50 g Schlagsahne
3 Eigelb
60 g Zucker
40 g Puderzucker
1 TL Zimt
100 g Butter oder Butterschmalz zum Braten

Für die Weinschaumsoße:
150 ml trockener Weißwein
4 Eigelb
50 g Zucker

Zusätzliches Equipment:
Bain Marie oder große Metallschüssel mit rundem innerem Boden

Nährwerte p. P.

700 kcal
61 g Kohlenhydrate
12 g Eiweiß
43 g Fett

1 Reiben Sie die Brötchenrinde mit einer Vierkantreibe ab, bewahren Sie die Semmelbrösel auf. Teilen Sie nun die Brötchen in Hälften. Verquirlen Sie das Eigelb, die Sahne und den Puderzucker mit der Milch und gießen Sie die Milchmischung in eine flache Schale. Weichen Sie nun die abgeriebenen Brötchen darin für ca. zehn Minuten ein. Mischen Sie in der Zwischenzeit Zimt und Zucker auf einem Teller und wenden Sie die Brötchen mehrfach, sodass sie das Milchgemisch gleichmäßig aufsaugen.

2 Erhitzen Sie nun Wasser in einem großen Topf, der mit Ihrer Metallschüssel bzw. Ihrem Bain Marie kompatibel ist. Wichtig ist, dass die Metallschüssel einen runden Boden aufweist. Verquirlen Sie in der Metallschüssel das Eigelb mit dem Zucker. Hängen Sie nun die Schüssel über das heiße Wasser und schlagen Sie mit dem Schneebesen nach und nach den Wein in die Eimischung. Schlagen Sie die Weinschaumsoße für 6 - 7 Minuten bei gleichmäßiger Hitze mit dem Schneebesen so lange, bis sie eine dickliche, samtige Konsistenz hat. Nun die Schüssel vom Topf nehmen und beiseitestellen.

3 Erhitzen Sie in einer Pfanne mit hohem Rand das Butterschmalz. Wälzen Sie die durchgesogenen Brötchen in den zuvor abgeriebenen Bröseln und geben Sie diese sogleich in die Pfanne. Braten Sie die Brötchenhälften von allen Seiten 5 - 6 Minuten, bis sie goldbraun sind. Anschließend herausnehmen und auf Küchenkrepp abtropfen lassen. Nach dem Abtropfen wälzen Sie die Kartäuser Klöße in der Zucker-Zimt-Mischung und bringen das Gericht warm und mit der Weinschaumsoße in einer Sauciere zu Tisch.

Tipps & Fakten: Wer keinen Alkohol möchte oder wenn Kinder mitessen, empfiehlt sich eine Vanillesoße zu den Kartäuser Klößen. Hierzu einfach den Wein durch Milch ersetzen und kratzen Sie das Mark einer Vanilleschote aus.

KIRSCHMICHEL

4 Port.

1 Std. 10 Min.

Leicht

Zutaten

500 g süße Kirschen, gewaschen und entsteint (alternativ Konserve)
3 altbackene Brötchen
185 ml lauwarme Milch
2 Eier
1 EL Butter
1 EL Puderzucker
50 g Zucker
½ TL Zimt
25 g gehackte Mandeln
eine Prise Salz
Fett für die Form

Nährwerte p. P.

697 kcal
97 g Kohlenhydrate
17 g Eiweiß
20 g Fett

1 Heizen Sie den Backofen auf 200 °C Ober-/Unterhitze vor und fetten Sie eine feuerfeste Auflaufform aus.

2 Schneiden Sie die Brötchen in Würfel und übergießen Sie sie mit der warmen Milch, um sie gut einweichen zu lassen.

3 Trennen Sie die Eier und schlagen Sie das Eiweiß unter Zugabe einer Prise Salz zu Eischnee.

4 Die Eigelbe mischen Sie zusammen mit dem Zucker, dem Zimt, den Kirschen und den gehackten Mandeln unter die Brötchenmasse.

5 Heben Sie nun den Eischnee sachte unter die Brötchen-Kirsch-Mischung und geben Sie alles in die Auflaufform.

6 Belegen Sie den Auflauf mit Butterflöckchen und geben Sie den Kirschmichel auf die vorletzte Schiene (von unten betrachtet) in den Backofen. Backen Sie die Süßspeise für 40 - 50 Minuten.

7 Nach dem Auskühlen können Sie den Auflauf mit Puderzucker bestreuen. Dazu reichen Sie Vanillesoße.

SCHNELLE QUARK-PFLAUMENKNÖDEL MIT ORANGENSOSSE

6 Port.

55 Min.

Leicht

Zutaten

Für die Knödel:
12 frische Pflaumen oder Zwetschgen, halbiert und entsteint
12 Stk. Würfelzucker
500 g Magerquark
500 g Mehl
100 g Butter
2 Eier
1 Prise Salz

Für die Soße:
1 Vanilleschote (alternativ Vanillepaste)
2 EL Zucker
300 ml Milch
100 ml Orangensaft
3 TL Stärke
Zimt und Zucker zum Bestreuen
Mehl für die Arbeitsfläche

Nährwerte p. P.

623 kcal
86 g Kohlenhydrate
24 g Eiweiß
18 g Fett

1 Verkneten Sie die Eier, die Butter, den Quark, das Mehl und das Salz zu einem glatten Teig und formen Sie diesen zu einer Kugel. Wickeln Sie den Teig in Folie und stellen Sie ihn vorerst kalt. In der Zwischenzeit waschen, halbieren und entsteinen Sie die Pflaumen und füllen sie mit je einem Stück Würfelzucker. Rollen Sie den Teig auf einer bemehlten Arbeitsfläche etwa 0,5 cm dick aus und schneiden Sie zwölf gleich große Quadrate daraus.

2 Legen Sie jeweils eine Pflaume auf ein Quadrat und formen Sie daraus einen Knödel. Bringen Sie Wasser in einem großen Topf zum Sieden und geben Sie die Knödel hinein. Kochen Sie das Wasser kurz sprudelnd auf, reduzieren Sie die Hitze wieder und lassen Sie die Knödel 15 Minuten darin ziehen.

3 In der Zwischenzeit bereiten Sie die Orangensoße wie folgt vor: Kratzen Sie das Mark der Vanilleschote aus und rühren Sie zwei Esslöffel Orangensaft mit der Stärke glatt. Kochen Sie den restlichen Orangensaft mit der Milch, dem Zucker und dem Vanillemark auf. Geben Sie die glattgerührte Stärke mit in den Topf und binden Sie so die Soße ab.

4 Nehmen Sie nun die Pflaumenknödel aus dem Kochwasser und lassen Sie sie auf einem Gitter abtropfen. Geben Sie einen großzügigen Löffel der Orangensoße auf einen Dessertteller und setzen Sie den Pflaumenknödel in die Mitte des Orangenspiegels. Bestreuen Sie den Knödel mit Zucker und Zimt und bringen Sie ihn zu Tisch, solange er noch warm ist. Reichen Sie gerne die restliche Soße zu den Knödeln.

GEDECKTER APFELKUCHEN

1 Kuchen

1 Std. 15 Min.

Mittel

Zutaten

Für den Mürbeteig:
350 g Mehl, gesiebt
180 g kalte Butter
120 g Zucker
1 Pck. Vanillezucker
2 Eier
1 Prise Salz

Für die Füllung:
5 große säuerliche Äpfel
50 g Rosinen
3 EL Rum
1 TL Zimt
2 EL Zucker
2 EL Zitronensaft

Für den Guss:
150 g Puderzucker
3 EL Zitronensaft
nach Bedarf Wasser

Nährwerte p. P.

650 kcal
68 g Kohlenhydrate
5 g Eiweiß
16 g Fett

1 Heizen Sie den Backofen auf 180 °C Ober-/Unterhitze vor. Fetten und mehlen Sie eine Springform Durchmesser 26 cm aus. Legen Sie die Rosinen in den Rum ein, waschen, schälen und entkernen Sie die Äpfel und schneiden Sie sie in kleine Stücke.

2 Rühren Sie in einer großen Rührschüssel die Eier und den Zucker schaumig, geben Sie die Butter stückchenweise in die Eiermischung und rühren Sie den Vanillezucker sowie eine Prise Salz ein. Kneten Sie nun das Mehl ein und verarbeiten Sie alles zu einem glatten Teig.

3 Verteilen Sie ¾ des Teigs gleichmäßig in der Springform und ziehen Sie einen zwei Fingerbreiten Rand hoch. Stechen Sie mit einer Gabel einige Löcher in den Teigboden.

4 Füllen Sie die Apfelwürfel in einen Topf, geben Sie Zimt, Zucker und Zitronensaft darüber und fügen Sie die abgetropften Rosinen hinzu. Köcheln Sie die Äpfel bei niedriger Flamme unter Rühren ein kleines bisschen weich, es darf etwas Saft austreten.

5 Verteilen Sie die Apfelmischung auf dem Teigboden, rollen Sie das letzte Viertel des Teigs in der Größe der Springform aus und legen Sie es auf die Apfelfülle. Schneiden Sie überschüssige Teigreste ab. Stechen Sie auch den Teigdeckel vereinzelt mit einer Gabel ein.

6 Backen Sie den Apfelkuchen für 45 Minuten auf mittlerer Schiene. Danach aus der Springform lösen und abkühlen lassen.

7 Rühren Sie den Puderzucker mit dem Zitronensaft glatt und bestreichen Sie damit den ausgekühlten Kuchen.

8 Servieren Sie den Apfelkuchen nebst einem Klecks frisch geschlagener Sahne.

ROSINENKUCHEN MIT ZUCKERGUSS (VEGAN)

1 Kuchen

1 Std. 10 Min.

Leicht

Zutaten

150 g Rosinen
100 ml brauner Rum
2 EL gemahlene Mandeln
4 EL heißes Wasser
2 EL vegane Margarine
75 g Zucker
4 EL Zitronensaft
250 g Mehl
4 TL Zitronenzesten
100 ml Wasser
Saft einer Zitrone
3 gestr. TL Backpulver
150 g Puderzucker
1 Prise Salz
Fett für die Form

Nährwerte p. P.

284 kcal
50 g Kohlenhydrate
4 g Eiweiß
5 g Fett

1 Heizen Sie den Ofen auf 190 °C Ober-/Unterhitze (170 °C Umluft) vor und fetten Sie eine Kastenbackform aus.

2 Weichen Sie die Rosinen für 30 Minuten in dem Rum ein. Gießen Sie anschließend die überschüssige Flüssigkeit ab. Verrühren Sie vier Esslöffel heißes Wasser mit den gemahlenen Mandeln und lassen Sie die Mischung abkühlen. Verrühren Sie die Margarine mit den zuvor eingeweichten, gemahlenen Mandeln, dem Zucker, einer Prise Salz und einem Esslöffel Zitronensaft zu einer Creme.

3 Vermischen Sie das Mehl mit den Zitronenzesten und dem Backpulver. Rühren Sie die Mehlmischung abwechselnd mit 100 ml Wasser in die Creme. Der Teig sollte anschließend reißend vom Löffel fallen. Heben Sie die Rosinen unter und geben Sie den Teig in die Backform.

4 Backen Sie den Rosinenkuchen auf mittlerer Schiene für 45 Minuten (Stäbchenprobe durchführen).

5 Wenn der Kuchen gar ist, aus der Form stürzen, den Puderzucker mit dem Saft der unbehandelten Zitrone glattrühren und die Glasur auf dem Kuchen verteilen.

PFLAUMEN-APFEL-KUCHEN MIT STREUSELN (VEGAN)

1 Kuchen

1 Std. 25 Min.

Leicht

Zutaten

Für den Teig:
230 g Mehl
120 g vegane Margarine (z. B. Alsan S)
100 g Zucker
180 ml Wasser
1 Pck. Vanillezucker
1 Prise Salz
½ Pck. Backpulver
Fett für die Form

Für den Belag:
500 g Pflaumen
1 großer Apfel (z. B. Boskoop)

Für die Streusel:
100 g Zucker
20 g Mehl
120 g vegane Butter
nach Belieben Puderzucker zum Bestäuben

Nährwerte p. P.

430 kcal
58 g Kohlenhydrate
5 g Eiweiß
20 g Fett

1 Verkneten Sie das Mehl, den Zucker, das Backpulver, die Margarine, den Vanillezucker, das Salz und das Wasser zu einem glatten Teig. Heizen Sie den Backofen auf 200 °C Ober-/Unterhitze (180 °C Umluft) vor.

2 Schälen, entkernen und vierteln Sie den Apfel, schneiden Sie die Viertel in dünne Scheiben. Entsteinen Sie die Pflaumen. Fetten Sie eine Springform mit 26 cm Durchmesser ein und mehlen Sie sie aus. Verteilen Sie den Teig in der Springform, ziehen Sie einen kleinen Rand hoch. Belegen Sie den Teig mit den Apfelscheiben und den Pflaumen.

3 Für die Streusel verkneten Sie (am besten mit den Händen) die Butter, das Mehl und den Zucker und verteilen die Streusel gleichmäßig auf den Früchten.

4 Backen Sie den Kuchen auf mittlerer Schiene für 50 - 55 Minuten im Ofen (Stäbchenprobe durchführen). Lösen Sie den Kuchen aus der Form und lassen Sie ihn abkühlen. Wenn Sie möchten, bestäuben Sie ihn mit Puderzucker.

5 Servieren Sie den Streuselkuchen mit einem Klecks veganer Schlagsahne.

NUSS-GRIEß-KUCHEN (VEGAN)

1
Kuchen

1 Std.
5 Min.

Leicht

Zutaten

100 g gemahlene Pekannüsse
100 g Weizenmehl
100 g Weizengrieß
150 g Zucker
1 EL Backkakao
1 Pck. Backpulver
200 ml Wasser
200 g Puderzucker
4 EL Wasser
1 Spritzer Zitronensaft
1 Handvoll Walnüsse zum Dekorieren

Nährwerte p. P.

298 kcal
49 g Kohlenhydrate
4 g Eiweiß
9 g Fett

1 Heizen Sie den Backofen auf 200 °C Ober-/Unterhitze (180 °C Umluft) vor und fetten Sie eine Kastenbackform aus.

2 Vermischen Sie die gemahlenen Pekannüsse mit dem Mehl, dem Grieß, dem Kakao, dem Zucker und dem Backpulver in einer Schüssel.

3 Geben Sie das Wasser hinzu und verrühren Sie alles zu einem glatten Teig.

4 Füllen Sie den Teig in die Kastenbackform und backen Sie den Nusskuchen auf mittlerer Schiene für ca. 40 Minuten (Stäbchenprobe durchführen).

5 Wenn der Kuchen durchgebacken ist, lassen Sie ihn kurz auskühlen und stürzen ihn aus der Form. Verrühren Sie den Puderzucker mit dem Wasser und dem Zitronensaft und glasieren Sie damit den Kuchen. Mit den Walnüssen dekorieren.

Eingewecktes

HAGEBUTTEN-APFEL-MARMELADE

1,5 l | 2 Std. | Mittel

Zutaten

850 g frische Hagebutten
600 g grüne Äpfel
1 unbehandelte Orange
200 ml Wasser
75 ml Rotwein oder Apfelsaft
850 g Gelierzucker 1:1

Nährwerte p. P.

200 kcal
45 g Kohlenhydrate
1 g Eiweiß
0 g Fett

1 Zuerst kochen Sie die Einmachgläser aus, um eine lange Haltbarkeit der Marmelade zu gewährleisten.

2 Nun waschen Sie die Hagebutten, entfernen die Stiele und schaben die Kerne sorgfältig heraus.

3 Geben Sie die Hagebutten in einen großen Topf und übergießen Sie sie mit dem Rotwein und dem Wasser.

4 Kochen Sie die Hagebutten kurz und kräftig auf, lassen Sie die Früchte für etwa 20 Minuten weichkochen.

5 Schälen und entkernen Sie unterdessen die Äpfel und schneiden Sie sie in kleine Würfel.

6 Waschen Sie die Orange, reiben Sie von der Schale Zesten ab und pressen Sie den Saft aus.

7 Nach Ende der Kochzeit gießen Sie die Früchte ab, streichen die weichen Hagebutten mit einem Löffel durch ein feines Sieb und wiegen 550 g des Fruchtmarks ab. Geben Sie das Hagebuttenmark in einen Topf. Geben Sie nun die Orangenzesten und den Orangensaft sowie die Apfelwürfel hinzu und fügen den Gelierzucker hinzu. Gut durchrühren und abgedeckt für eine Stunde ziehen lassen.

8 Kochen Sie die Hagebuttenmischung für ca. sieben Minuten unter ständigem Rühren sprudelnd auf und machen Sie eine Gelierprobe.

9 Füllen Sie die fertige Marmelade in die sterilen Gläser, lassen Sie etwa einen Fingerbreit bis zum Deckel frei und wischen Sie etwaige Spritzer am Rand umgehend mit einem sauberen Tuch ab. Verschließen Sie umgehend die Gläser und drehen Sie diese für fünf Minuten auf den Kopf, danach wieder richtig herum hinstellen und vollständig auskühlen lassen.

10 Kühl, trocken und dunkel aufbewahren, nach Anbruch im Kühlschrank lagern.

KIRSCHGRÜTZE MIT STACHELBEEREN

1,6 l

1 Std. 20 Min.

Leicht

Zutaten

300 g Kirschen, halbiert und entsteint
200 g Stachelbeeren, grün oder rot, halbiert
250 ml Apfelsaft
80 g Zucker
5 Blätter Zitronenmelisse
2 EL Speisestärke

Nährwerte p. P.

96 kcal
22 g Kohlenhydrate
0 g Eiweiß
0 g Fett

1 Heizen Sie den Backofen auf 150 °C Ober-/Unterhitze oder Umluft vor. Bereiten Sie eine Auflaufform vor, in welcher die sterilen Einmachgläser Platz finden, und gießen Sie 2 cm hoch Wasser hinein. Waschen Sie die Zitronenmelisseblättchen und schneiden Sie diese in feine Streifen.

2 Kochen Sie nun in einem großen Topf den Apfelsaft und den Zucker auf.

3 Geben Sie die Stachelbeeren und die Kirschen hinein und köcheln Sie das Obst bei mittlerer Hitze für etwa drei Minuten.

4 Rühren Sie unterdessen die Speisestärke mit drei Esslöffeln Wasser glatt und rühren Sie sie in die Obstmischung ein.

5 Unter ständigem Rühren aufkochen, anschließend nehmen Sie den Topf vom Herd.

6 Die Zitronenmelissestreifen unterheben.

7 Füllen Sie die Grütze noch kochend heiß in die Gläser und stellen Sie diese in die Auflaufform.

8 Geben Sie die mit einem Deckel verschlossenen Gläser für 30 Minuten in den Ofen.

9 Schalten Sie nach Ablauf der Zeit den Ofen aus und lassen Sie die Gläser bei geschlossener Ofentür weitere 30 Minuten abkühlen.

10 Nun aus dem Ofen nehmen und vollständig auskühlen lassen.

11 Lagern Sie die Kirschgrütze kühl und dunkel, nach Anbruch jedoch im Kühlschrank.

12 Servieren Sie die Grütze mit einer Schmand-Sahne-Mischung als Topping.

Tipps & Fakten: Wenn Sie die Kirschgrütze zeitnah verbrauchen wollen, können Sie sich das Einkochen im Backofen sparen. Aufgekocht und sofort in Gläser abgefüllt hält sich die Kirschgrütze ohne Einkochen ca. drei Wochen im Kühlschrank (ungeöffnet).

SCHNELLE SCHÜTTELGURKEN

5 Gläser

24 Std. 20 Min.

Leicht

Zutaten

1 kg Gurken
50 g Zucker
70 ml Essig
15 Wacholderbeeren
25 Pfefferkörner
4 TL Salz
½ TL Pfeffer, gemahlen
5 TL Senfkörner
3 große Zwiebeln, weiß oder rot

Nährwerte p. P.

92 kcal
20 g Kohlenhydrate
2 g Eiweiß
0 g Fett

1 Haltbarmachen ist ein aufwendiger und zeitraubender Prozess. Das muss aber nicht sein! Wenn Sie eine reichliche Gurkenernte haltbar machen wollen, können Sie auch auf das stundenlange Einkochen von Salzlake verzichten und die Gurken direkt im Glas haltbar machen. Sie können sowohl Landgurken als auch Einlege- oder Salatgurken verwenden. Mit Schale bleiben die Gurken knackiger, ohne Schale werden sie weicher, ziehen dafür aber auch schneller durch.

2 Zunächst die Gläser und Deckel heiß überbrühen, um Keime abzutöten, die die Haltbarkeit beeinflussen könnten.

3 Schneiden Sie nun die gewaschenen oder geschälten Gurken der Länge nach in Stifte, so dick, wie Sie sie gerne haben möchten.

4 Schälen Sie die Zwiebeln und hacken Sie diese fein. Verrühren Sie Essig, Zucker, Salz, gemahlenen Pfeffer und Öl zu einer Soße.

5 Geben Sie in jedes Glas je drei Wacholderbeeren und drei Pfefferkörner sowie einen Teelöffel Senfkörner.

6 Stellen Sie nun die Gurkenstifte in das Glas und geben Sie überall gleich viele Zwiebeln darauf. Übergießen Sie die Gurken mit der Soße, am Rand sollte etwa ein Fingerbreit frei bleiben und die Gurken trotzdem ganz im Sud stehen.

7 Verschließen Sie das Glas fest und schütteln Sie es einmal kräftig.

8 Danach für zehn Minuten kopfüber stehen lassen. Danach wieder umdrehen. Von nun an 24 Stunden ziehen lassen.

9 Die Schüttelgurken halten sich verschlossen und im Kühlschrank aufbewahrt für ca. zehn Tage.

PFLAUMENKOMPOTT

5 Gläser

50 Min.

Leicht

Zutaten

500 g Pflaumen
200 ml Wasser
50 g Agavendicksaft
½ TL Zimt
2 TL Vanilleextrakt
2 Nelken
nach Belieben 2 Sternanis

Nährwerte p. P.

601 kcal
137 g Kohlenhydrate
4 g Eiweiß
3 g Fett

1 Kochen Sie zunächst die Gläser für mindestens zehn Minuten in heißem Wasser aus und stellen Sie sie zum Trocknen auf. Waschen, entsteinen und halbieren Sie die Pflaumen. Geben Sie die Pflaumen zusammen mit dem Wasser, dem Agavendicksaft und den Gewürzen in einen Topf und kochen Sie die Früchte kurz auf. Reduzieren Sie die Hitze und köcheln Sie das Obst für 30 Minuten auf kleiner Flamme.

2 Füllen Sie das heiße Kompott in die Gläser (es sollte ein fingerbreiter Rand oben frei bleiben), schrauben Sie den noch feuchten Deckel auf und stellen Sie die Gläser für zehn Minuten auf den Kopf. Drehen Sie anschließend die Einmachgläser wieder um und lassen Sie sie abkühlen.

3 Bewahren Sie die Gläser kühl und dunkel auf.

Tipps & Fakten: Bei Eingemachtem empfiehlt es sich, einen kleinen Aufkleber mit Monat und Jahr auf das Glas zu kleben, sodass man einen Überblick hat, was zuerst verbraucht werden muss.

Getränke

EIERPUNSCH

 4 Port.  20 Min.  Leicht

Zutaten

250 ml Rum
250 ml Wasser
10 Eier
300 g Zucker
1 Fl. trockener Weißwein
1 Zitrone, den Saft davon
3 Nelken
1 Prise Zimt

Nährwerte p. P.

791 kcal
77 g Kohlenhydrate
12 g Eiweiß
13 g Fett

1 Trennen Sie die Eier.

2 Geben Sie die Eigelbe, den Zucker, den Rum, das Wasser und den Zitronensaft in einen großen Topf und verrühren Sie alles gut miteinander.

3 Füllen Sie die Mischung mit dem Weißwein auf und heben Sie das steifgeschlagene Eiweiß unter.

4 Geben Sie die Nelken und den Zimt mit hinein und erhitzen Sie den Topfinhalt unter ständigem Rühren. Bitte keinesfalls kochen!

5 Wenn die Mischung eine dickflüssige Konsistenz erlangt hat, ist der Eierpunsch fertig.

6 Servieren Sie den Eierpunsch mit einer Haube aus geschlagener Sahne und einem Hauch Muskat.

KRÄUTER-BUTTERMILCH

1 Port.

10 Min.

Leicht

Zutaten

250 ml Buttermilch
1 EL gehackte Kräuter (Petersilie, Schnittlauch, Dill, Sauerampfer, Giersch, Pimpinel-le, Gänseblümchen, Schafgarbe, Spitzwegerich)
1 Prise Salz
1 Prise Zucker
10 ml Zitronensaft

Nährwerte p. P.

85 kcal
10 g Kohlenhydrate
9 g Eiweiß
1 g Fett

1 Kinderleicht! Geben Sie einfach alles in einen Mixer und mixen Sie die Kräuterbuttermilch für drei Minuten auf der höchsten Stufe. Anschließend in ein Glas seihen und sofort servieren. Der Drink sollte nicht lange stehen, da sich sonst die Inhaltsstoffe absetzen. Wenn Sie möchten, geben Sie Eiswürfel mit ins Glas.

Tipps & Fakten: Kräuterbuttermilch ist sehr gesund und darüber hinaus kalorienarm. Sie eignet sich für Kuren oder Fastentage.
Wer es doch lieber fruchtig mag, bedient sich an Früchten der Saison (beispielsweise Beeren, Äpfel, Birnen, Kirschen, Aprikosen, Mirabellen oder Erdbeeren) und ersetzt die Prise Salz je nach Geschmack mit einem Teelöffel Honig. Die frische Note bringt ein Stängel Minze.

TRAUBENLIMONADE

4 Port.

10 Min.

Leicht

Zutaten

1 l Wasser (ggf. mehr, falls die Trauben sehr süß sind)
500 g dunkle Weintrauben
2 unbehandelte Zitronen
2 EL Blütenhonig
10 Eiswürfel
als Garnitur: einige halbierte Trauben, 4 Zitronenscheiben und/oder Minzblätter

Nährwerte p. P.

104 kcal
21 g Kohlenhydrate
1 g Eiweiß
1 g Fett

1 Waschen Sie die Trauben, behalten Sie ein paar schöne Exemplare als Dekoration zurück und geben Sie die Früchte zusammen mit dem Honig in einen Mixer. Für ca. zwei Minuten pürieren.

2 Streichen Sie die Masse durch ein feines Sieb, um Rückstände im Getränk zu vermeiden. Wenn Ihnen ein paar Stückchen nichts ausmachen, können Sie diesen Schritt natürlich auch überspringen.

3 Halbieren Sie die Zitronen, schneiden Sie von jeder Hälfte je eine dünne Scheibe ab (als spätere Dekoration) und pressen Sie den Saft auf.

4 Mischen Sie den Traubensaft und den Zitronensaft in einer Glaskanne oder einer Bowleschüssel, geben Sie die Eiswürfel hinein und dekorieren Sie das Getränk nach Ihren Wünschen.

5 Ein paar Weintrauben auf einen Strohhalm gespießt ergeben übrigens auch eine hübsche Garnitur.

Tipp: Wenn Sie keine Weintrauben mögen, können Sie stattdessen auch Himbeeren, Brombeeren oder Johannisbeeren verwenden. Verfahren Sie genauso wie mit den Weintrauben, geben Sie aber zwei Esslöffel Zucker zusätzlich in den Mixer.

HELGOLÄNDER GROG

1 Port. 5 Min. Leicht

Zutaten

80 ml trockener Rotwein
40 ml Wasser
40 ml brauner Rum
2 TL brauner Kandis oder Grümmelkandis
2 Stücke einer unbehandelten Zitrone

Nährwerte p. P.

251 kcal
15 g Kohlenhydrate
1 g Eiweiß
0 g Fett

1 Erhitzen Sie den Rotwein in einem Topf, ohne ihn zu kochen.

2 Füllen Sie den Kandis in ein vorgewärmtes Glas, geben Sie ein Stück Zitrone darauf und gießen Sie den heißen Wein in das Glas.

3 Gießen Sie kurz vor dem Servieren den Rum in das Glas und dekorieren Sie den Glasrand mit dem zweiten Zitronenstück.

SCHLEHENPUNSCH (ALKOHOLFREI)

8 Port.

15 Min.

Leicht

Zutaten

1 l starker schwarzer Tee
½ l Schlehensaft
60 ml Zitronensaft, frisch gepresst und abgeseiht
30 ml Sanddornsaft
100 g Zucker
8 Zitronenscheiben von unbehandelten Zitronen

Nährwerte p. P.

67 kcal
16 g Kohlenhydrate
0 g Eiweiß
0 g Fett

1 Mischen Sie den Tee und den Schlehensaft in einem Topf und erhitzen Sie den Inhalt bis kurz vor dem Siedepunkt.

2 Rühren Sie nun den Zitronensaft und den Zucker hinein und kochen Sie auf reduzierter Hitze so lange weiter, bis der Zucker sich vollständig aufgelöst hat.

3 Zum Schluss geben Sie den Sanddornsaft hinzu.

4 Füllen Sie den Punsch in acht feuerfeste Gläser und dekorieren Sie das Getränk mit je einer Scheibe Zitrone.

Tipps & Fakten: Schlehen sind ausgesprochen gesund, denn sie enthalten viele Vitamine, Gerbstoffe und Pektine. Der Schlehe wird eine zusammenziehende, entzündungshemmende, schleimlösende, anregende und blutreinigende Wirkung nachgesagt und sie hilft bei Erkältungen, Fieber und Verdauungsproblemen.

ROSENBOWLE

1 Bowle-schüssel

1 Std. 10 Min.

Leicht

Zutaten

Blütenblätter von 5 Rosenblüten, vorzugsweise duftende Arten
3 l Mosel- oder Rheinwein
1 l halbtrockener Sekt
3 EL Zucker

Nährwerte p. P.

306 kcal
15 g Kohlenhydrate
0 g Eiweiß
0 g Fett

1 Zupfen Sie die Rosenblätter aus der Rosenblüte und brausen Sie sie kurz ab. Halten Sie ca. zehn Blätter für später zurück.

2 Setzen Sie in einer großen Schüssel (noch nicht im Bowlegefäß!) mit dem Wein, den restlichen Rosenblättern und dem Zucker einen Ansatz an. Dieser sollte eine Stunde abgedeckt im Kühlschrank ziehen.

3 Danach seihen Sie die Blüten ab, geben den Ansatz in das Bowlegefäß und gießen ihn mit dem Sekt auf.

4 Geben Sie nun die übrigen Blüten vom Anfang hinein, auch eine ganze Rosenblüte sieht sehr apart aus. Sie sollten vor dem Servieren nicht zu lange in der Bowle schwimmen. Wenn Sie die Bowle in kleinen Gläsern zu Tisch bringen, können Sie auch je ein Rosenblatt pro Glas als Dekoration verwenden.

Tipps & Fakten: Die Rose hat eine entkrampfende, beruhigende und entzündungshemmende Wirkung. Sie wird insbesondere bei Entzündungen im Mund- und Rachenraum, bei Magenkrämpfen, Durchfall und Depressionen eingesetzt. Lediglich Menschen mit einer Überempfindlichkeit gegen Geraniol, dem Duftstoff der Rose, sollten von einem Verzehr oder dem direkten Hautkontakt absehen.

NORDFRIESISCHE TOTE TANTE

4 Port.

10 Min.

Leicht

Zutaten

500 ml Vollmilch
100 g Zartbitterschokolade
250 ml Sahne
8 cl brauner Rum

Nährwerte p. P.

390 kcal
21 g Kohlenhydrate
7 g Eiweiß
31 g Fett

1 Kochen Sie die Milch kurz auf, aber so, dass sie nicht überkocht. Reduzieren Sie die Hitze und bröckeln Sie die Schokolade in die Milch. Unter gelegentlichem Rühren die Schokolade schmelzen. Nehmen Sie den Topf vom Herd und rühren Sie den Rum ein.

2 Schlagen Sie die Sahne steif, füllen Sie die Trinkschokolade in Gläser und dekorieren Sie sie mit einer großen Sahnehaube.

3 Die Tote Tante wird durch die Sahnehaube getrunken und nicht gemischt. Dekorieren Sie die Sahnehaube nach Belieben mit einer kandierten Kirsche, Schokostreuseln oder Mini-Marshmallows.

Tipps & Fakten: Die Tote Tante existiert deutschlandweit unter vielen verschiedenen Namen, der bekannteste ist vermutlich „Pharisäer“. Anstatt des Rums können Sie auch Amaretto, Kirschwasser oder Eierlikör verwenden, auch Baileys ist eine Option. Wenn Sie auf Alkohol verzichten möchten, können Sie stattdessen Apfelsaft, Zitronensaft oder Rumaroma verwenden.

1. Auflage

Kontakt: JT Handels UG / Berumer Str. 44/ 26844 Jemgum

Covergestaltung: Fenna Larsson

Coverfoto: depositphotos.com